COMPÉTENCES

EXPRESSION ORALE

NIVEAU 3

Michèle Barféty

B2

CLE

INTERNATIONAL
www.cle-inter.com

Direction éditoriale : Béatrice Rego
Édition : Brigitte Marie
Marketing : Thierry Lucas
Illustrations : Conrado Gusti
Enregistrements : Studio Bund
Mise en page couverture : Dagmar Stahringer
Mise en page : Domino
© CLE International 2015
ISBN : 978-2-09-038006-4

AVANT-PROPOS

//

Cet ouvrage d'expression orale s'adresse à des apprenants adultes et adolescents totalisant au moins 360 heures de français. Il permet la préparation aux épreuves d'expression orale du DELF de niveau B2. Le niveau de compétence requis correspond au niveau B2 du Cadre européen commun de référence pour les langues.

Ce manuel d'exercices d'entraînement à l'expression orale est accompagné d'un CD contenant tous les documents sonores. Il peut être utilisé en classe, en complément de la méthode de FLE habituelle ou dans tout contexte d'apprentissage impliquant au minimum deux personnes. Les transcriptions des enregistrements et des propositions de corrigés des exercices sont fournies à la fin du recueil.

L'ouvrage se compose de 5 unités de trois leçons chacune.

• Chaque unité comporte une progression lexicale et syntaxique.

• Chaque leçon comprend trois doubles pages sur un même thème intitulées :

1. Imiter, 2. Interpréter et **3. S'exprimer.**

• Ces trois doubles pages proposent des tâches complémentaires et progressives et nécessitent des stratégies différentes.

• De nombreux visuels servent de point de départ à des activités variées : description, explication, commentaire, jeu de rôle ou discussion.

• Des écoutes servent également de point de départ à certaines activités de production orale. Elles mettent en scène des outils que l'apprenant devra réutiliser lui-même par la suite.

• Des outils communicatifs, lexicaux ou grammaticaux sont proposés sur chaque double page.

• À la fin de chaque unité, un BILAN reprenant les principales situations de communication présentées permet à l'apprenant de s'auto-évaluer.

• Certaines activités sont prévues pour deux personnes (deux apprenants, ou un enseignant et un apprenant), d'autres peuvent se faire par deux ou en groupe jusqu'à une douzaine d'apprenants.

Chaque leçon comprend trois doubles pages.

• La première double page propose d'« imiter ». Après avoir repéré des outils dans un contexte de communication donné, l'apprenant doit les réutiliser en interaction dans des activités guidées.

• La deuxième double page propose d'« interpréter », c'est-à-dire de réutiliser ses compétences linguistiques dans des situations interactives voisines de celles de la première partie, mais enrichies par des outils complémentaires.

• La troisième double page propose de « s'exprimer ». Les activités proposées laissent donc à chacun la liberté de défendre sa propre opinion afin qu'il se sente réellement impliqué dans ses interventions, que ce soit dans les discussions, les débats ou les jeux de rôle.
Cette double page comporte un texte qui présente un aspect de la civilisation française. Ce support sert de point de départ à une discussion ainsi qu'à une activité correspondant à l'épreuve de DELF B2.

MODE D'EMPLOI

LES ACTIVITÉS PROPOSÉES

• Choisissez votre rôle et jouez la scène.

Cette activité peut se faire par deux ou en groupe en fonction du nombre de personnages proposés. Chaque apprenant choisit un rôle parmi ceux qui sont suggérés. Dans certains cas, l'apprenant peut/doit imaginer son personnage. Après une courte préparation, les apprenants jouent la scène si possible en situation de façon théâtrale.

• Complétez les dialogues et jouez les scènes.

À partir de courts dialogues entendus, l'apprenant doit imaginer le début et la suite de la conversation et jouer la scène complète avec un partenaire sans oublier d'utiliser les outils proposés.

• Discutez.

Les apprenants doivent discuter ensemble, par deux ou en groupe, sur les sujets proposés. Des questions peuvent être proposées pour faciliter la discussion. Celle-ci doit se faire en interaction entre les apprenants, si possible sans l'intervention de l'enseignant.

• Discutez et mettez-vous d'accord.

En groupe, les apprenants doivent discuter du sujet proposé et finalement se mettre d'accord.

• Entraînez-vous pour le Delf B2.

À partir du texte de civilisation proposé dans l'activité précédente, chaque apprenant doit s'entraîner à formuler une problématique. Cette activité peut se faire par deux. La problématique est toujours une question fermée qui doit être sujet à débat. Les problématiques sont mises en commun et chacun choisit celle qui lui convient le mieux. Les apprenants vont former des groupes en fonction de la problématique choisie et de la réponse qu'ils souhaitent y donner. Chaque groupe prépare ses arguments et cherche au moins un exemple pour illustrer chacun d'entre eux. Lorsque ce travail est terminé, chaque groupe présente son argumentation. Des problématiques sont proposées dans les corrigés d'exercices.

• Imaginez et discutez.

Par deux ou en groupe, les apprenants doivent chacun imaginer une petite histoire à partir d'un même dessin et confronter leurs versions de l'histoire, se contredire ou tomber d'accord.

• Imaginez les situations.

À partir des éléments du dialogue, l'apprenant doit imaginer le contexte de la situation, ce qui s'est éventuellement passé avant et ce qui peut arriver après.

• Informez-vous et discutez.

Par petits groupes, les apprenants doivent écouter un document sonore et discuter ensemble pour contrôler leur compréhension. Un groupe doit ensuite présenter le contenu du document avec le plus de détails possible.

- **Informez-vous et informez-nous.**
Les apprenants doivent lire le texte de civilisation proposé et en discuter ensemble pour vérifier leur compréhension. Sur le même thème, ils doivent présenter la situation dans leur pays.

- **Informez-vous et jouez la scène.**
Les apprenants écoutent un dialogue, puis, par deux, ils doivent jouer une scène similaire.

- **Jouez la scène.**
Deux apprenants doivent rejouer la scène entendue sans la lire. S'ils le peuvent, ils doivent se mettre en situation : debout, assis, face à face...

- **Par deux, échangez des informations/des idées.**
Chacun des apprenants doit d'abord faire des choix puis échanger des informations ou des idées avec son partenaire.

- **Répondez.**
Cette activité est proposée à partir d'un document sonore. L'apprenant doit repérer les outils utilisés dans le document.

- **Répondez du tac au tac.**
Par petits groupes, un apprenant va devoir répondre aux questions des autres. L'un des outils proposés devra être utilisé soit dans chacune de ses réponses, soit dans les questions posées par les autres. Ceci est précisé pour chaque exercice.

Dès que l'un des deux se trompe ou oublie d'utiliser l'outil demandé, il doit prendre la place de l'autre. L'activité doit être rapide pour permettre au plus grand nombre de changer de rôle.

L'utilisation du signe * devant un mot signifie que ce mot appartient au langage familier.

SOMMAIRE

//

UNITÉ 4   *S'impliquer dans la conversation*

UNITÉ 5   *Affirmer et défendre ses positions*

OBJECTIFS FONCTIONNELS : Situer un événement par rapport à un autre moment que le présent – Nuancer le passé – Formuler une problématique.
OUTILS : Quelques indications temporelles – Le plus-que-parfait – Parler des catastrophes naturelles – Structurer son discours.

/// PISTE 1 ❯

1. Répondez.

• Quelles sont les indications temporelles que vous entendez dans les dialogues ?

• Notez-les et expliquez leur utilisation.

....

....

....

....

2. Imaginez les situations.

• Pour chaque mini-dialogue, imaginez la situation et qui parle.

• Discutez avec les autres apprenants pour vous mettre d'accord.

3. Complétez les dialogues et jouez les scènes.

• Avec votre partenaire, imaginez un début et une suite à ces dialogues.

....

....

....

....

....

....

....

....

• Jouez les scènes. N'oubliez pas d'utiliser les éléments de l'écoute.

OUTILS

Situer un événement par rapport à un autre moment que le présent. (Passé ou futur)

Moment de référence	Moment antérieur	Moment postérieur
ce jour-là	la veille	le lendemain
ce matin-là	la veille au matin/au soir	le lendemain matin/après-midi/
cet après-midi-là	l'avant-veille	soir
ce soir-là	deux jours avant/auparavant	le surlendemain
cette semaine-là	la semaine d'avant/précédente	deux jours après/plus tard
ce lundi-là	le lundi d'avant/précédent	la semaine d'après/suivante
ce mois-là	le mois d'avant/précédent	le lundi d'après/suivant
cette année-là	l'année d'avant/précédente	Le mois d'après/suivant
à ce moment-là		l'année d'après/suivante

//

4. Répondez du tac au tac.

La police enquête sur un vol de tableaux commis lundi dernier. L'un d'entre vous est le suspect. Il répond très vite aux questions des policiers joués par les autres apprenants. Vous devez utiliser l'un des outils de la page précédente dans chacune de vos réponses. Si vous oubliez cette consigne, vous changez de place avec le policier qui vous a posé la question.

Exemple :

Policier : Pourquoi est-ce que vous étiez absent le jour du vol ?

Suspect : **Ce lundi-là,** *j'étais malade et j'ai dû aller chez le médecin.*

// **PISTE 2** 🎵 ⏺

5. Informez-vous et discutez.

• De quoi parlent-ils ? Prenez des notes..

....

....

....

• Discutez avec les autres apprenants pour contrôler ou compléter vos informations.

6. Par deux, jouez la scène.

Patrick : Tu as écouté les informations ?

Sophie : Non pourquoi ? ...

OUTILS

Le plus-que-parfait

• **Formes :** Le verbe **avoir** ou le verbe **être** à l'imparfait + le participe passé du verbe.

Exemple : J'avais déjeuné, j'étais parti(e), je m'étais promené(e) ...

• **Utilisation :** Pour les actions antérieures aux faits passés dont on parle (au passé composé ou à l'imparfait).

Exemple : Hier, Léo a enfin mis la chemise que sa femme lui avait offerte pour son anniversaire deux mois auparavant. Il était content, elle avait bien choisi.

//

7. Par deux, échangez des informations.

• Choisissez un article de presse et complétez-le en imaginant les événements précédents.

• Racontez votre fait divers à votre partenaire, répondez à ses questions et posez lui des questions sur le sien.

Fin de cavale pour Marcel Duval
Hier soir à 21 heures, Marcel Duval a été arrêté par la police au 22 rue de Paradis.
Deux mois auparavant,.................................
....
....
....
....
....
....

Les trois randonneurs disparus enfin retrouvés
Hier matin, un guide de montagne a retrouvé les trois randonneurs disparus depuis quatre jours dans les Alpes. La semaine précédente,........................
....
....
....
....
....
....

///

8. Choisissez votre rôle et jouez la scène.

Faits divers

Un week-end mémorable

Quand ils sont rentrés chez eux, après un week-end pluvieux qu'ils avaient passé enfermés dans un hôtel du bord de mer, les membres de la famille Deschamps ont découvert leur maison dans un état indescriptible.

En leur absence, des cambrioleurs indélicats avaient mis la maison sens dessus dessous. Les meubles anciens avaient disparu ainsi que l'ordinateur, la télévision, le magnétoscope, les bijoux de madame et bien d'autres choses encore.

Quand les policiers sont venus constater les dégâts, ils ont remarqué que les cambrioleurs étaient tout naturellement passés par la porte d'entrée que les Deschamps avaient omis de fermer au moment de leur départ. L'assureur, averti de ce petit détail, a informé les Deschamps que, compte tenu de leur négligence, il ne pouvait pas les indemniser pour ce sinistre.

Le week-end à la mer avait été catastrophique, le retour à la maison l'était encore plus !

• Les membres de la famille Deschamps discutent pour savoir lequel d'entre eux a oublié de fermer la porte d'entrée avant leur départ.

• Choisissez un rôle (le père, la mère, la grand-mère, le fils...).

• Imaginez tout ce qui s'était passé avant ce départ en week-end.

• Accusez les autres membres de la famille et défendez-vous.

• Notez vos idées.

....
....
....
....
....
....
....
....

• Racontez ce dont vous vous souvenez. Accusez les autres et disculpez-vous.

OUTILS

Parler des catastrophes.

• Un incendie s'est déclaré. Un pyromane a mis le feu. Le feu a détruit la forêt. Les arbres brûlent encore. La région est ravagée par le feu.

• Des pluies torrentielles se sont abattues sur la région. Les cours d'eau ont débordé. La crue des rivières a provoqué une inondation. La ville est inondée. Les habitants ont été évacués.

• Une violente tempête a tout arraché sur son passage. Le vent soufflait à 170 km/h.

• La terre a tremblé, c'est un tremblement de terre ou un séisme. Les bâtiments se sont effondrés. Ce cataclysme a causé des dégâts importants et a fait de nombreuses victimes.

9. Choisissez votre rôle et jouez la scène.

• Un groupe de victimes de la catastrophe raconte à des journalistes comment ils ont été sauvés et ce qui s'était passé avant l'arrivée des sauveteurs.

• Choisissez un rôle, journaliste ou victime, et imaginez ce qui s'est passé.

• Préparez vos questions si vous êtes journaliste ou votre récit si vous êtes victime.

....

....

....

• Jouez la scène en groupe ou avec un partenaire.

///

10. Informez-vous et informez-nous.

Lisez le texte.

Le français, une langue partagée.

Alors que l'Académie française, créée en 1635, s'est donné pour mission de fixer les règles d'usage de la langue française, celle-ci continue à évoluer sans se soucier de cette institution ; et pas seulement en France, car avec 220 millions de francophones dans le monde, elle est loin d'être la propriété exclusive des Français.

Chaque année, le 20 mars, la Journée Internationale de la Francophonie réunit les francophones des cinq continents. Des milliers de manifestations, dédiées au Français, sont organisées au cours de la semaine qui s'ensuit.

Dans le cadre de ces festivités, un concours invite les élèves à rêver autour de dix mots imposés. Libre à eux de les utiliser dans une création littéraire ou artistique de leur choix. Pour sa 20e édition en mars 2015, ces mots sont d'origine étrangère et montrent combien la diversité enrichit notre langue.

Mais la langue française est aussi source de polémique. Certains la jugent sexiste car, par exemple, elle ne propose pas de mot pour féminiser certaines professions comme médecin ou maçon. D'autres trouvent son orthographe inutilement compliquée avec ses finales muettes, ses accords complexes et ses multiples manières d'écrire le même son. Comment distinguer un saut, d'un sot, d'un seau ou bien d'un sceau ?

Mais une langue reflète aussi une manière de voir le monde et garde les traces de notre histoire, à travers son évolution et ses emprunts.

Liste des 10 mots pour 2015 : *amalgame* (arabe) – *bravo* (italien) – *cibler* (suisse allemand) – *grigri* (origine inconnue) – *inuit* (inuktitut) – *kermesse* (flamand) – *kitsch* (allemand) – *sérendipité* (anglais) – *wiki* (hawaïen) – *zénitude* (japonais).

• Discutez avec les autres apprenants pour contrôler votre compréhension du texte.

11. Discutez.

• Répondez aux questions pour préparer la discussion.

1. Est-il nécessaire qu'une institution comme l'Académie française fixe les règles d'une langue ? Justifiez votre réponse.

....

2. Selon vous, à quoi sert la Journée de la Francophonie ?

....

3. Faut-il simplifier l'orthographe si son apprentissage demande trop d'efforts aux élèves ?

....

4. Peut-on dire exactement les mêmes choses dans toutes les langues ? Expliquez votre réponse.

....

5. Chaque année, des centaines de langues disparaissent. Qu'en pensez-vous ?

....

• Donnez votre opinion sur chacune des questions et discutez avec les autres apprenants.

Qu'est-ce qu'une problématique ?

C'est une question fermée (réponse *oui* ou *non*) à laquelle il faut répondre en donnant des arguments pour convaincre son auditoire.

Structurer son discours.

- Classer ses idées selon un ordre logique ⇒ **d'abord/tout d'abord – ensuite/puis – enfin/finalement.**
- Présenter deux idées ayant une relation entre elles ⇒ **d'une part … d'autre part … / d'un côté … de l'autre …** (Il y a d'une part le français écrit qui ne change pas et d'autre part la langue orale qui évolue sans cesse.)
- Proposer une alternative ⇒ **soit … soit …** (Vous pouvez écrire soit une poésie, soit une nouvelle.)
- Ajouter une idée supplémentaire ⇒ **de plus/en outre/par ailleurs** (Il faut étudier le français si vous voulez vivre en France. De plus, la connaissance de la langue vous sera utile pour vos études littéraires.)
- Exclure ⇒ **sauf/excepté/hormis/mis à part** (Tous parlent français, hormis Julia.)
- Conclure ⇒ **en conclusion/pour conclure.**

//

12. Entraînez-vous pour le Delf B2.

- Par deux, cherchez une problématique en relation avec le texte précédent.
- Mettez en commun toutes les problématiques proposées et choisissez celle qui vous intéresse le plus.
- Prenez position et choisissez un partenaire qui s'intéresse à la même problématique que vous et qui est du même avis que vous.
- Préparez vos arguments pour défendre votre point de vue. Pensez à trouver des exemples pour illustrer vos idées.
- Présentez votre argumentation aux autres groupes. Pensez à structurer votre discours.

//

13. Mettez-vous d'accord.

- Vous avez décidé de participer à la Journée de la Francophonie.
- Imaginez les activités que vous pourriez proposer en relation avec la langue française.
- Discutez avec les autres apprenants pour vous mettre d'accord.

RAPPORTER DES PROPOS ENTENDUS

1. Imiter

OBJECTIFS FONCTIONNELS : Rapporter des propos – Parler d'informations non confirmées.

OUTILS : Le style indirect au passé, verbes introducteurs et concordances de temps – Valeur du conditionnel : fait non avéré – L'univers de la justice.

/// **PISTE 3** ▶

1. Répondez.

• Quel est le point commun de tous ces dialogues?

• Notez les expressions qui expriment ce point commun. Expliquez leur utilisation..

....
....
....
....

2. Imaginez les situations.

• Pour chaque mini-dialogue, imaginez la situation et qui parle.

• Discutez avec les autres apprenants pour vous mettre d'accord.

3. Complétez les dialogues et jouez les scènes.

• Avec votre partenaire, imaginez un début et une suite à ces dialogues.

....
....
....
....
....
....
....

• Jouez les scènes. N'oubliez pas d'utiliser les éléments de l'écoute.

OUTILS

Rapporter des propos entendus sans préciser leur origine.

• *Il paraît que + phrase*	*Il paraît qu'il est amoureux.*
• *On dit que + phrase*	*On dit qu'il est amoureux.*
• *J'ai entendu dire que + phrase*	*J'ai entendu dire qu'il était amoureux.*
• *J'ai entendu parler de + nom/pronom*	*J'ai entendu parler de cette histoire. J'en ai entendu parler.*

Les informations non confirmées

• Apprendre une nouvelle par le bouche à oreille, (l'information se transmet d'une personne à l'autre et ainsi de suite.)

• Il y a des bruits qui courent sur qqch. ou qqn (des informations non confirmées circulent d'une personne à l'autre.)

• Les on-dit = la rumeur (ce que les gens disent, les nouvelles colportées par les gens.)

//

4. Répondez du tac au tac.

Vous êtes une personne célèbre : acteur/actrice, chanteur/chanteuse, sportif/sportive, homme/femme politique...

Vous répondez aux questions des journalistes. Chaque question doit utiliser l'une des expressions proposées dans les outils de la page précédente.

Exemple :

Journaliste : **Il paraît que** vous allez vous marier ?

Actrice : Pas du tout ! Qui vous a dit cela ?

// **PISTE 4**

5. Informez-vous et discutez.

• De quoi parlent-ils ? Prenez des notes.

....

....

....

• Discutez avec les autres apprenants pour contrôler ou compléter vos informations.

6. Par deux, jouez la scène.

Karen : Alors Mathias, il paraît que tu quittes la *boîte ?

Mathias : Ça, c'est Géraldine...

OUTILS

Le style indirect au passé, les concordances de temps

• **présent** ⟹ **imparfait**

(+ semi-auxiliaire au présent des verbes au passé récent, au présent progressif, au futur proche)

« Il pleut. » « Il va pleuvoir. » « Il vient de pleuvoir. » « Il est en train de pleuvoir. »

On m'a *dit* qu'il *pleuvait*/qu'il *allait pleuvoir*/qu'il *venait de pleuvoir*, qu'il *était en train de pleuvoir.*

• **passé composé** ⟹ **plus-que-parfait**

« Il a plu. » On m'a *dit* (j'ai entendu dire) qu'il *avait plu.*

• **futur simple** ⟹ **conditionnel présent**

« Il pleuvra. » On m'a *dit* qu'il *pleuvrait.*

//

7. Par deux, échangez des informations.

• Choisissez une fiche et imaginez une petite information à partir du dessin proposé.

• Posez des questions à votre partenaire sur son histoire et répondez aux siennes.

• Vous avez appris l'information par le bouche à oreille, utilisez les structures nécessaires.

//

8. Choisissez votre rôle et jouez la scène.

• Par la rumeur, vous avez découvert que votre ami(e) vous a caché beaucoup de choses sur sa vie passée.
Ces informations sont-elles vraies ou fausses ?

• Choisissez un rôle et préparez vos questions.

....

....

....

....

....

....

....

....

• Jouez la scène avec votre partenaire. Expliquez-lui ce que vous avez entendu dire à son sujet. Posez-lui des questions,
répondez aux siennes. Racontez-lui ces épisodes de votre vie passée.

9. Informez-vous et jouez la scène.

• Écoutez le dialogue et notez les informations concernant Lucie.

....

....

....

....

• Ces informations sont-elles réelles ? Comment pouvez-vous le savoir ? Discutez avec les autres apprenants.

• Imaginez la prochaine rencontre entre Lucie et son amie. Préparez le dialogue.

....

....

....

....

• Jouez la scène avec votre partenaire.

OUTILS

Valeur du conditionnel : fait non avéré

Le conditionnel est utilisé pour donner une information qui n'a pas été contrôlée, et dont le locuteur n'est pas absolument sûr.

• Le conditionnel présent pour une information dans le présent.

J'ai entendu dire que le président <u>serait</u> actuellement à Strasbourg.

• Le conditionnel passé pour une information dans le passé.

Il paraît que l'inondation <u>aurait provoqué</u> la mort de plusieurs personnes.

//

10. Imaginez et discutez.

• Vous avez entendu parler du fait divers illustré par le dessin.

Imaginez où, quand, pourquoi, comment il est arrivé.

Notez vos idées.

....

....

....

....

....

....

....

....

....

....

• Rapportez ce que vous savez de ce fait divers. Utilisez les outils.

Comparez votre version à celles des autres apprenants. Discutez.

//

11. Informez-vous et informez-nous.

Lisez le texte.

Une justice rendue par le peuple

Aimeriez-vous être juré dans un procès ? Pour les Français, la question ne se pose pas. Si vous avez plus de vingt-trois ans et si vous savez lire et écrire, vous serez peutêtre un jour juré dans une Cour d'assises sans le vouloir. En effet, les noms des futurs jurés sont tirés au sort sur les listes électorales de la ville et les personnes sélectionnées ne peuvent pas refuser d'accomplir ce devoir de citoyen.

La Cour d'assises, composée de neuf jurés et de trois magistrats, juge les crimes comme les meurtres, les viols, les vols à main armée ou les actes terroristes. Les accusés risquent des peines de réclusion pouvant aller jusqu'à perpétuité, des amendes ou des peines complémentaires comme par exemple l'interdiction d'exercer une activité professionnelle.

Le juge mène les débats. L'avocat général représente le ministère public et défend les intérêts de la société. L'avocat de l'accusé plaide pour les intérêts de son client. Les jurés doivent écouter attentivement magistrats et témoins et ils peuvent s'ils le souhaitent poser des questions.

Acquittement, condamnation ferme ou avec sursis, la responsabilité des jurés est importante. Ils sont tenus au secret et ne doivent pas révéler le contenu des délibérations, même lorsque l'affaire est terminée.

• Discutez avec les autres apprenants pour contrôler votre compréhension du texte.

• Comment la justice est-elle rendue dans votre pays ?

12. Discutez.

1. Quelles qualités doit avoir un juré pour remplir efficacement sa tâche ?

....

2. Aimeriez-vous faire partie d'un jury d'assises ? Pourquoi ?

....

3. Pouvez-vous imaginer d'autres types de peine que la prison ?

....

4. La peine de mort a été abolie en France en 1981. Que pensez-vous de cette décision ?

....

• Donnez votre opinion sur chacune des questions et discutez avec les autres apprenants.

L'univers de la justice

• Les procès ont lieu au tribunal. L'avocat plaide coupable ou innocent.

• La Cour d'assises juge les crimes. Le tribunal correctionnel juge les délits (vol, escroquerie, coups et blessures graves...) et il peut prononcer une peine allant jusqu'à 10 ans de prison (de réclusion).

• Seule la Cour d'assises fait appel à un jury populaire.

OUTILS

//

13. Entraînez-vous pour le Delf B2.

• Par deux, cherchez une problématique en relation avec le texte précédent.

• Mettez en commun toutes les problématiques proposées et choisissez celles qui vous intéressent le plus.

• Prenez position et choisissez un partenaire qui s'intéresse à la même problématique que vous et qui est du même avis que vous.

• Préparez vos arguments pour défendre votre point de vue. Pensez à trouver des exemples pour illustrer vos idées.

• Présentez votre argumentation aux autres groupes. Pensez à structurer votre discours.

//

14. Imaginez et discutez.

1. Imaginez la situation.

Quelle est la relation entre ces deux personnes ? Pourquoi l'homme est-il en colère ? Pourquoi la femme ne dit-elle rien ?

Que s'est-il passé avant ? Discutez avec les autres apprenants pour vous mettre d'accord.

2. La préparation du procès.

Comment l'homme est-il mort ? La police a enquêté et elle a arrêté la femme qui va être jugée pour crime.

• Faites deux groupes :

– un groupe pense que la femme est coupable.

– un groupe pense que la femme est innocente.

• Dans chaque groupe, chaque apprenant choisit un rôle :

– l'avocat

– un voisin/une voisine

– un ami/une amie de la famille

– un/une collègue de travail

– le médecin de la famille,

– un commerçant, etc.

• Par groupes, préparez vos témoignages.

15. Choisissez votre rôle et jouez la scène.

• Le procès.

Faites le procès de la femme. Les avocats organisent les débats. Les témoins disent ce qu'ils savent de cette affaire et des relations entre l'accusé et la victime. Ils racontent ce qu'ils ont vu ou entendu.

• À la fin du procès, le groupe juge l'accusée en fonction des témoignages entendus et décide si elle doit être acquittée ou condamnée.

En cas de condamnation, vous devez définir la peine.

LEÇON 3

ÉVOQUER LE PASSÉ   1. *Imiter*

OBJECTIFS FONCTIONNELS : Confronter passé et présent – Argumenter à l'oral.
OUTILS : Situer un récit dans un passé lointain – Situer un récit dans le présent
– Exprimer l'antériorité avec l'infinitif composé – Évoquer des changements
– Quelques articulateurs logiques.

// PISTE 6

1. Répondez.

• Quelles sont les indications temporelles que vous entendez dans les dialogues?

• Notez-les et expliquez leur utilisation.

....

....

....

....

2. Imaginez les situations.

Pour chaque mini-dialogue, imaginez la situation et qui parle.

Discutez avec les autres apprenants pour vous mettre d'accord.

3. Complétez les dialogues et jouez les scènes.

• Avec votre partenaire, imaginez un début et une suite à ces dialogues.

....

....

....

....

....

....

....

....

• Jouez les scènes. N'oubliez pas d'utiliser les éléments de l'écoute.

OUTILS

Situer un récit dans un passé lointain.

• Situer dans le passé sans référence particulière.

Autrefois, **jadis** (plus utilisé à l'écrit), **dans le temps** (plus familier), **avant**, la vie était belle.

• Situer dans le passé du locuteur.

De mon temps, à mon époque, quand j'étais petit = quand j'étais enfant, quand j'étais jeune, **dans ma jeunesse**, les gens étaient plus aimables.

• Situer dans un passé déjà évoqué dans la conversation.

À l'époque, en ce temps-là, à cette époque là, c'était le bon temps.

Ces indications temporelles sont généralement suivies d'un verbe à l'imparfait.

///

4. Répondez du tac au tac.

Vous êtes très âgé/e et vous pensez que la société a beaucoup changé depuis votre jeunesse. Répondez le plus rapidement possible aux questions de vos petits-enfants joués par les autres apprenants. Vous devez utiliser l'un des outils de la page précédente dans chacune de vos réponses. Si vous oubliez cette consigne, vous changez de place avec l'apprenant qui vous a posé la question.

Exemple :

Petit-fils : Tu viens au cinéma avec nous grand-père ?

*Grand-père : Non, je n'aime pas les films d'aujourd'hui. **De mon temps**, les acteurs jouaient beaucoup mieux !*

/// **Piste 7** ❯

5. Informez-vous et discutez.

• Quel est le point commun des personnes qui parlent ? De quoi parlent-elles ?

• Relevez les mots utilisés pour situer dans le passé et dans le présent.

....

....

....

• Discutez avec les autres apprenants pour contrôler ou compléter vos informations.

OUTILS

Situer un récit dans le présent.

À présent, de nos jours, actuellement, maintenant, aujourd'hui...

• Ces indications temporelles sont souvent utilisées pour opposer une situation présente à une situation passée ou future.

///

6. Choisissez votre rôle et jouez la scène.

• Ils parlent de leur passé. Ils comparent leurs expériences à celles des jeunes d'aujourd'hui.

• Choisissez un rôle et notez vos idées.

....

....

....

• Jouez la scène avec votre partenaire.

// PISTE 8 ❯

7. Informez-vous et discutez.

• Qui sont les deux personnes qui parlent ? De quoi parlent-elles ?

• Relevez les mots utilisés pour parler de changements.

• Relevez les verbes à l'infinitif passé. Expliquez leur utilisation.

....

....

....

• Discutez avec les autres apprenants pour contrôler ou compléter vos informations.

OUTILS

Exprimer l'antériorité avec l'infinitif composé.

• Il est composé de *être* ou *avoir* à l'infinitif suivi du participe passé du verbe.

• Il peut remplacer une complétive.   *Il pense qu'il a vu ce film = Il pense avoir vu ce film.*
                                       Il a dit qu'il était allé à Paris = Il a dit être allé à Paris.

• Il est utilisé après les verbes construits avec l'infinitif quand les deux verbes ont le même sujet.

Je suis désolé de vous avoir réveillé.   *Je vous remercie de vous être dérangé.*

Je suis content de vous avoir vu.   *Je regrette d'être parti(e).*

Évoquer des changements.

La situation change (un changement), varie (une variation), se modifie (une modification),
se transforme (une transformation), évolue (une évolution). Elle s'améliore (une amélioration)
≠ elle se détériore (une détérioration). Elle s'aggrave (une aggravation) = elle empire.

Les salaires, les prix, le taux de chômage... augmentent (une augmentation, une hausse), progressent
(une progression) ≠ baissent (une baisse), diminuent (une diminution).

//

8. Choisissez votre rôle et jouez la scène.

• Ils étaient chanteur, professeur. journaliste, militaire. Ils parlent de leur expérience et ils comparent leur vie à celle de leurs
jeunes collègues. Ils répondent aux questions des journalistes qui les interrogent sur leur expérience.

• Faites deux groupes, les journalistes et les retraités, et réalisez une émission de radio sur le thème: « Passé présent, qu'est-ce qui a changé ? »
• Notez vos idées.

....
....
....
....
....
....
....

• Jouez la scène en groupe.

//

9. Discutez.

La famille	Les loisirs	L'éducation
Le travail	Le logement	L'alimentation
La technologie	L'énergie	Les transports

• Choisissez un des thèmes proposés.
• Préparez une petite présentation orale comparative entre la situation actuelle et celle d'autrefois. Parlez de vos expériences personnelles. Notez vos idées.

....
....
....
....
....
....
....
....
....
....
....

• Présentez le sujet que vous avez choisi et discutez-en avec les autres apprenants.

//

10. Informez-vous et informez-nous.

• Lisez le texte.

De Nicéphore Niépce au « selfie »

Née au début du XIXe siècle, la photographie n'en finit pas de réécrire son histoire. En 1826, Nicéphore Niépce, un ingénieur français, réussit pour la première fois à fixer une photographie. Cette découverte fait fureur auprès de ses contemporains et crée de nombreuses vocations de photographes. Une nouvelle profession est née.

Témoin de son temps, la photographie immortalise les grands et les petits évènements de la vie. Mais elle séduit également les artistes pour qui elle devient un nouveau moyen d'expression.

En 1888, le premier appareil simplifié est mis sur le marché par l'entreprise Kodak. Il met enfin la photographie à portée de tous. Souvenirs de voyages, de famille, de guerre pour les uns, outils publicitaires ou œuvres d'art pour d'autres, la photographie poursuit son chemin.

Elle sera marquée par de grands noms comme celui de Robert Doisneau, dont les photographies du Paris d'après guerre, comme « le baiser de l'hôtel de ville », ont fait la renommée. D'autres aujourd'hui s'illustrent dans cet art, comme Yann Arthus-Bertrand rendu célèbre par ses photographies de la terre vue du ciel.

Grâce au numérique, photographier est devenu une activité quotidienne. On ne peut plus s'en passer comme si toute notre vie devait passer par l'objectif.

La mode est à l'autoportrait, le « selfie » que l'on prend de soi, seul ou accompagné. Le regard sur soi-même serait-il plus important que celui que l'on porte sur le reste du monde ? Chacun veut être à la fois l'artiste et le modèle. Les temps changent !

• Discutez avec les autres apprenants pour contrôler votre compréhension du texte.

11. Discutez.

• Répondez aux questions pour préparer la discussion.

1. Est-ce encore utile d'apprendre à faire des photos ?

....

2. Vous intéressez-vous aux photos anciennes ? Pourquoi ?

....

3. En quoi la photographie a-t-elle changé notre monde ?

....

4. La photographie a-t-elle la même valeur aujourd'hui qu'avant ? Expliquez votre réponse.

....

5. Peut-on encore prendre du plaisir à regarder sans photographier ?

....

6. Pourquoi fait-on des « selfies ? »

....

• Donnez votre opinion sur chacune des questions et discutez avec les autres apprenants..

• Justifier une prise de position.

En effet ⟹ La photographie est aujourd'hui à la portée de tous. **En effet**, avec la technologie numérique, faire une photo ne coûte rien.

Puisque ⟹ **Puisque** la photo ne coûte rien, tout le monde en fait de plus en plus.

• Introduire une conséquence.

Donc, alors, c'est pourquoi, c'est la raison pour laquelle, si bien que.

En conséquence, par conséquent (plus formel) ⟹ Les photographies doivent raconter toute notre vie, **donc (c'est pourquoi**...) nous en faisons tellement.

• Introduire deux faits ou deux idées opposés.

Alors que, tandis que ⟹ Les jeunes font des photos tous les jours **alors que (tandis que)** les plus âgés n'en font que pour des occasions spéciales.

• Introduire deux faits ou deux idées contradictoires.

Pourtant, cependant, néanmoins, toutefois ⟹ Faire une photo est devenu une action banale, **pourtant (cependant**...) la photographie reste une forme d'art.

OUTILS

//

12. Entraînez-vous pour le Delf B2.

• Par deux, cherchez une problématique en relation avec le texte précédent.

• Mettez en commun toutes les problématiques proposées et choisissez celle qui vous intéresse le plus.

• Prenez position et choisissez un partenaire qui s'intéresse à la même problématique que vous et qui est du même avis que vous.

• Préparez vos arguments pour défendre votre point de vue. Pensez à trouver des exemples pour illustrer vos idées.

• Présentez votre argumentation aux autres groupes. Pensez à structurer votre discours.

//

13. Imaginez et racontez.

• Regardez bien ces vieilles photos.

• Mais bien sûr, vous les connaissez ! C'est votre grand-père, votre voisin, l'ami de vos parents...

• Prenez la parole à tour de rôle pour expliquer qui est cette personne et ce qu'elle faisait ce jour-là.

• Contredisez les autres apprenants en donnant une autre identité et une autre histoire à la même personne.

Bilan

//

Donnez la réplique ou complétez le récit.

Attention, vous ne devez pas utiliser deux fois la même réponse.

– « Qu'est-ce que tu as fait le dimanche 19 juin ? »

1. «...»

– « Et le jour d'avant ? »

2. «...»

– « Et le jour d'après ? »

3. «...»

– « Et le dimanche 26 ? »

4. «...»

5. 6. 7. – « Quand je suis rentré à la maison, tout était sens dessus dessous. Les voleurs

étaient..Ils..

Ils s'..»

8. 9. 10. « L'incendie..à 14 heures. La population

du village..immédiatement. Ce matin, il ne reste rien,

le village..

11. La police a arrêté..

– « Alors ton travail de journaliste, comment ça se passe ? »

12. « Bien, je «...»

13. Je...

14. Et aussi je..Ça me plaît beaucoup.»

– « Vous savez ce qui se passe ici ? Pourquoi il n'y a personne au guichet ?»

15. « Ben..., il...»

16. « On...»

17. « J'ai...»

18. « Moi, j'ai...»

– « Comment ? Qu'est-ce qu'il a dit ? Il vient de trouver un appartement ? »

19. « Oui, il a dit...»

– « Je ne comprends pas. Il a déménagé ? »

20. « Oui, il a dit...»

– « Mais, il est content ? »

21. « Oui, il a dit . . . . »

– « Et, il viendra nous voir le week-end prochain ? »

22. « Oui, il a dit . . . . »

« Merci, merci beaucoup. »

« Tu as entendu la nouvelle? Johnny a eu un accident ! »

23. « Oui, mais on n'est sûr de rien. Sa voiture . . . ., »

24. et maintenant, il . . . . »

25. 26. « C'est quand même une affaire grave, je me demande si elle va être jugée

au . . . . ou à . . . . »

– « Maintenant ma pauvre dame, les jeunes ne peuvent plus trouver de travail. »

27. « Vous avez raison, ... »

28. « Ça, c'est bien vrai, ... »

29. « Oui, ... »

30. « . . . . »

31. « . . . . »

– « Vous avez compris que la situation de votre fils est grave? »

32. « Oui, je pense . . . . »

33. « Il dit qu'il n'a rien volé ? » « C'est exact. Il prétend . . . . »

34. « Il regrette quelque chose ? » « Oui, il regrette d' . . . . »

– « Et vous, vous avez eu tort de le laisser sortir ce soir là ? »

35. « Oui, c'est de ma faute, je suis désolée de . . . . »

– « Que pensez-vous de la situation économique du pays ? »

36. « À mon avis, tout va bien, elle . . . . »

37. 38. 39. « Pas du tout ! Au contraire, elle . . . .

– Les prix . . . . et les salaires . . . .

– Ça ne va pas du tout ! »

40. La situation est aujourd'hui meilleure dans les pays en voie de développement . . . .

elle se dégrade chez nous.

Comptez vos points (1 point par réponse correcte)

→ **VOUS AVEZ PLUS DE 30 POINTS : BRAVO !** C'est très bien. Vous pouvez passer à l'unité suivante.

→ **VOUS AVEZ PLUS DE 20 POINTS :** C'est bien, mais regardez vos erreurs, cherchez les réponses possibles dans les leçons et refaites le test. Ensuite, passez à l'unité suivante.

→ **VOUS AVEZ MOINS DE 20 POINTS :** Vous n'avez pas bien mémorisé cette unité, reprenez-la, puis recommencez l'auto-évaluation. Bon courage !

OBJECTIF FONCTIONNEL : Situer des événements dans un temps relatif (1).

OUTILS : L'antériorité avec *avant, jusqu'à* et *en attendan*t – Utilisation du futur antérieur – Écologie et énergie.

/// Piste 9

1. Répondez.

• Notez les indications temporelles utilisées dans ces scènes.

• Expliquez leur utilisation.

....

....

....

....

2. Imaginez les situations.

• Pour chaque mini-dialogue, imaginez la situation et qui parle.

• Discutez avec les autres apprenants pour vous mettre d'accord.

3. Complétez les dialogues et jouez les scènes.

• Imaginez d'autres phrases possibles pour compléter ces propositions.

....

....

....

....

....

....

....

• Jouez les scènes. N'oubliez pas d'utiliser les éléments de l'écoute.

OUTILS

L'antériorité

• **Avant, en attendant, jusqu'à/au** + nom

J'achèterai une valise *avant* mon voyage.

Il est resté en Belgique *jusqu'au* mois d'août.

En attendant l'heure du dîner, tu peux travailler un peu.

• **Avant de, en attendant de** + verbe à l'infinitif (2 verbes, 1 même sujet)

Il a acheté son billet *avant de* partir.

Il doit payer les frais *en attendant de* recevoir sa bourse.

• **Avant que, en attendant que, jusqu'à ce que** + phrase au subjonctif.

Le jour se lève *avant que* tu (ne) te réveilles. (2 verbes, 2 sujets)

Il ira faire les courses *en attendant que* tu reviennes. (2 verbes, 2 sujets)

Tu travailleras *jusqu'à ce que* tu sois fatigué/*jusqu'à ce que* je rentre. (2 verbes, 1 ou 2 sujets)

//

4. Répondez du tac au tac.

Vous aviez rendez-vous hier soir avec vos amis. Ils vous ont attendu/e toute la soirée mais vous n'êtes pas venue.
Répondez rapidement à leurs questions. Vous utiliserez dans chacune de vos réponses un outil proposé à la page
précédente. Si vous faites une erreur, changez de rôle avec l'apprenant qui vous a posé la question.

Exemple :

Votre ami/e : Et où tu étais hier soir ?

*Vous : J'avais oublié notre rendez-vous et je suis resté/e chez moi **jusqu'à ce que** Lucie vienne me chercher pour aller au cinéma.*

// PISTE 10 >

5. Informez-vous et discutez.

• De quoi parlent-ils ? Prenez des notes.

....

....

....

• Discutez avec les autres apprenants pour contrôler ou compléter vos informations.

6. Par deux, jouez la scène.

Une femme : Quelle histoire!

Un homme : De quoi tu parles ?

//

7. Par deux, échangez des informations.

• Choisissez une fiche, imaginez et présentez la situation à partir du dessin proposé.

• Expliquez ce qui s'est passé avant l'arrivée des secours.

• Posez des questions à votre partenaire sur son histoire et répondez aux siennes.

....

....

....

....

....

....

....

//

8. Choisissez votre rôle et jouez la scène.

Commune de Villevieille

Grande campagne d'information auprès de la population
sur le traitement des déchets.

Décisions du conseil municipal

1. – Mise en place d'un tri sélectif rigoureux.
7 poubelles par habitant
papier, carton, plastique, verre blanc, verre vert, verre brun, métal.

2. – Obligation de composter les ordures ménagères à domicile.

3 – Enlèvement payant des encombrants.

RÉUNION LE SAMEDI 12 JUIN DANS LA SALLE MUNICIPALE.

Venez nombreux !

• Vous habitez Villevieille et, jusqu'à présent, vous ne pratiquiez pas très sérieusement le tri sélectif. Les nouvelles mesures vont donc apporter beaucoup de changements dans votre vie.

• Faites deux groupes :

1. Les habitants qui refusent ces mesures ou qui veulent les aménager. (Vous êtes trop âgé, trop paresseux, trop occupé...)

2. Les membres du conseil municipal et les habitants qui soutiennent ces mesures.

• Préparez vos arguments.

....

....

....

• Discutez pour trouver une solution.

// PISTE 11 ❯

9. Informez-vous et jouez la scène.

• Qui sont les deux personnes qui parlent ? De quoi parlent-elles ?

• Relevez les verbes qui évoquent des actions futures. Expliquez leur utilisation.

....

....

• Discutez avec les autres apprenants pour contrôler ou compléter vos informations.

• Imaginez une suite à ce dialogue. Notez vos idées.

....

....

....

....

....

• Jouez la scène avec votre partenaire.

A : Quand tu auras réussi l'examen, qu'est-ce que tu feras ?

B : Je ne sais pas encore...

OUTILS

Le futur antérieur

• **Formes :** Le verbe **avoir** ou le verbe **être** au futur simple + le participe passé du verbe.

• **Utilisation :** Pour les actions antérieures aux faits futurs dont on parle ou antérieures à un moment précisé dans le futur.

Exemple : Quand tu rentreras, je me serai préparé(e) et j'aurai dîné. Je serai parti(e) avant 8 H.

///

10. Choisissez votre rôle et jouez la scène.

• Elle veut qu'ils prennent une année sabbatique pour faire le tour du monde.

Il pense qu'ils doivent attendre quelques années et qu'ils ne partiront que quand ils auront réalisé quelques projets.

• Choisissez un rôle et préparez les idées de votre personnage.

....

....

....

....

....

....

• Jouez la scène avec votre partenaire.

///

11. Informez-vous et informez-nous.

Lisez le texte.

Protéger la planète, une priorité ?

Oui bien sûr, la majorité des Français est d'accord. Mais le prix à payer et les efforts à consentir pour y parvenir sont encore parfois un obstacle difficile à surmonter.

En ce qui concerne les déchets, de nombreux Français pratiquent le tri sélectif. Plus les gens sont âgés, plus ils appartiennent à une catégorie sociale élevée et plus ils s'acquittent sérieusement de cette tâche. D'autre part, pour limiter la prolifération des sacs en plastique à usage unique, beaucoup y ont renoncé au profit de sacs réutilisables. De toute façon, ils seront interdits dans les grandes surfaces dès 2016. Ils devront alors être remplacés par des sacs biodégradables.

Du côté de la voiture, les choses sont plus délicates.

Il y a bien chaque année une « journée sans voiture » pour sensibiliser les citadins à ses nuisances et leur montrer ce que pourrait être leur ville sans voiture. Mais dès le lendemain de l'opération, celles-ci reprennent leurs droits et envahissent de nouveau l'espace. Individualistes, un grand nombre de Français boudent les transports en commun et, s'ils commencent à se mettre au vélo, ils ne sont pas près de rattraper certains Européens comme les Hollandais sur ce terrain. Quant à l'énergie, l'augmentation des prix pousse le consommateur à limiter ses besoins. Comme d'autres pays, la France s'est tournée vers les énergies renouvelables qui permettront peut-être à notre Terre de survivre.

• Discutez avec les autres apprenants pour contrôler votre compréhension du texte.

• Comme dans le document, présentez la situation dans votre pays.

12. Discutez.

• Répondez aux questions pour préparer la discussion.

1. La France produit principalement de l'énergie nucléaire. Est-ce une énergie propre ?

....

2. Quels sont les autres types d'énergie que vous connaissez ?

....

3. Quels sont leurs qualités et leurs défauts ?

....

4. Quelles modifications dans notre société pourraient entraîner une baisse de la consommation d'énergie ?

....

5. Comment imaginez-vous l'avenir de la voiture individuelle ?

....

6. Accepteriez-vous de vivre sans voiture ? Pourquoi ?

....

7. De quelles autres machines consommant de l'énergie pourriez-vous vous passer ?

....

• Donnez votre opinion sur chacune des questions et discutez avec les autres apprenants.

Écologie

On trie et on recycle les déchets = les ordures = les détritus. – Le tri et le recyclage. – Du papier recyclé.
La pollution crée des nuisances (des effets négatifs pour la nature et pour l'homme).
La prolifération = la multiplication.
Les voitures produisent des gaz à effet de serre qui réchauffent l'atmosphère.

Énergie

Les énergies fossiles : le charbon, le pétrole. Les énergies renouvelables. L'énergie nucléaire.
Les énergies propres ne polluent pas. *Exemple : l'énergie solaire.*
L'énergie hydraulique est produite grâce à un barrage. – Les éoliennes utilisent la force du vent.

///

13. Entraînez-vous pour le Delf B2.

• Par deux, cherchez une problématique en relation avec le texte précédent.
• Mettez en commun toutes les problématiques proposées et choisissez celle qui vous intéresse le plus.
• Prenez position et choisissez un partenaire qui s'intéresse à la même problématique que vous et qui est du même avis que vous.
• Préparez vos arguments pour défendre votre point de vue. Pensez à trouver des exemples pour illustrer vos idées.
• Présentez votre argumentation aux autres groupes. Pensez à structurer votre discours.

///

14. Discutez.

• Le maire de votre ville souhaite prendre des mesures pour limiter la circulation des voitures dans sa commune et permettre à ses concitoyens de respirer un air moins pollué.
• Voici quelques propositions en images. Faites-en d'autres.
• Vous faites partie du conseil municipal.
• Seul ou par petits groupes, choisissez un projet et définissez son mode de fonctionnement exact.
• Présentez votre projet à vos collègues du conseil municipal.
• Discutez avec les autres conseillers pour choisir le projet qui sera mis en place dans votre ville.
• Une fois le projet choisi par tous, définissez clairement les étapes de sa mise en place dans la ville : travaux, modalités d'utilisation, information de la population, etc.

OBJECTIFS FONCTIONNELS : Commenter des données chiffrées – Situer des événements dans un temps relatif (2).

OUTILS : Donner des chiffres approximatifs – La postériorité avec *après, après que, une fois que, dès que* – Quelques pronoms indéfinis : *aucun, les uns, les autres, d'autres, quelques-uns, certains, la plupart* – L'immigration.

// **PISTE 12**

1. Répondez.

• Quel est le point commun de tous ces dialogues ?

• Notez les expressions qui expriment ce point commun. Expliquez leur utilisation.

....

....

....

....

2. Imaginez les situations.

• Pour chaque mini-dialogue, imaginez la situation et qui parle.

• Discutez avec les autres apprenants pour vous mettre d'accord.

3. Complétez les dialogues et jouez les scènes.

• Avec votre partenaire, imaginez un début et une suite à ces dialogues.

....

....

....

....

....

....

....

• Jouez les scènes. N'oubliez pas d'utiliser les éléments de l'écoute.

OUTILS

Donner des chiffres approximatifs.

Ils accompagnent une quantité ou une heure.

Approximativement/environ/à peu près/*grosso modo
Elle a *environ* 25 ans. Il est *à peu près* 8 heures.

Bien, au moins (Le chiffre annoncé est un minimum)
Il coûte *bien* quinze euros. Il est *au moins* minuit.

• **Presque** (La réalité est légèrement inférieure au chiffre annoncé)
Elle pèse *presque* cent kilos. Il est *presque* midi.

Ils accompagnent une heure mais pas une quantité.

Vers, aux environs de
Il est arrivé *vers* neuf heures. – On se retrouvera *aux environs* de 20 heures.

///

4. Répondez du tac au tac.

Vous êtes un homme ou une femme politique et vous répondez aux questions de journalistes étrangers qui veulent tout savoir sur votre pays. Répondez rapidement à leurs questions. Vous utiliserez dans chacune de vos réponses un outil proposé à la page précédente. Si vous faites une erreur, changez de rôle avec l'apprenant qui vous a posé la question.

Exemple :

Journaliste : Y a-t-il beaucoup de jeunes dans votre pays ?

*Vous : Je ne peux pas vous répondre exactement, mais **approximativement** 25 pour cent de la population sont des jeunes.*

// **PISTE 13** ❯

5. Informez-vous et discutez.

• De quoi parlent-ils ? Prenez des notes.

....

....

....

• Discutez avec les autres apprenants pour contrôler ou compléter vos informations.

6. Par deux, jouez la scène.

Un jeune homme : Mademoiselle s'il vous plaît, vous avez le programme de l'excursion de cet après-midi ?

Une jeune femme : Eh bien... non, mais ...

<table>
<tr><td>**OUTILS**</td><td>

La postériorité
• **Après** + nom
Les enfants sont rentrés à la maison **après** les cours.
• **Une fois** + participe passé de sens passif avec ou sans sujet /+ nom de lieu
Une fois l'été fini, les touristes s'en iront. – *Une fois* (arrivés) à Paris, ils reprendront le travail.
• **Après** + infinitif composé
Vous irez au cinéma *après avoir fait* vos devoirs. (2 verbes, 1 sujet)
• **Après que/une fois que** + phrase à l'indicatif
Il nous enverra le colis *après que/une fois que* nous aurons payé. (2 verbes, 2 sujets)
• **Dès que** + phrase à l'indicatif (les deux actions se succèdent immédiatement)
Elle est partie *dès que* son mari est arrivé./*Dès qu'*elle a eu son visa, elle est partie.

</td></tr>
</table>

///

7. Par deux, échangez des informations.

• Imaginez le programme de la visite de votre ville ou de la capitale de votre pays.

• Présentez votre programme à votre partenaire. Posez-lui des questions sur son programme et répondez aux siennes.

• Notez son programme.

<table>
<tr><th>Programme de la visite de...</th><th>Programme de la visite de...</th></tr>
<tr><td>

....

....

....

....

....

....

</td><td>

....

....

....

....

....

....

</td></tr>
</table>

// **Piste 14** 〉

8. Informez-vous et jouez la scène.

• Qui sont les deux personnes qui parlent ? De quoi parlent-elles ?

....

....

....

• Discutez avec les autres apprenants pour contrôler ou compléter vos informations.

• Imaginez une suite à ce dialogue. Notez vos idées.

....

....

....

....

....

• Jouez la scène avec votre partenaire.

Une Japonaise : Il y a beaucoup d'étrangers en France, il me semble.

Un Français : Bien sûr, comme partout en Europe j'imagine...

OUTILS

Quelques pronoms indéfinis

• **Aucun (aucune)**
Il a deux enfants, *aucun* n'habite en France.

• **Les uns (les unes), les autres/d'autres**
Les Français ne sont jamais d'accord. *Les uns* se plaignent quand il pleut, *les autres* quand il fait beau.

• **Quelques-uns (quelques-unes) – certains (certaines) – la plupart – tous (toutes)**
Je connais beaucoup de villages. *Quelques-uns* sont tristes, *certains* sont joyeux, *la plupart* sont beaux mais *tous* ont du charme.

//

9. Choisissez votre rôle et jouez la scène.

Un groupe de jeunes étrangers souhaite aller s'installer en France. Leurs familles ne sont pas d'accord car la vie des émigrés est souvent très difficile.

• Faites deux groupes :

– Les jeunes gens qui souhaitent aller vivre en France.

– Les membres de la famille qui préfèrent que leurs enfants restent dans leur pays.

• Choisissez un rôle et préparez vos arguments.

....

....

....

• Jouez la scène en groupe.

10. Discutez.

• Vous habitez dans cette petite ville de France qui se prépare à fêter le deux millième anniversaire de sa création. Fondée par les Romains, elle garde les traces de son histoire jusqu'à aujourd'hui.

• Vous faites partie du comité des fêtes de votre ville et vous devez organiser les festivités qui mettront en valeur le patrimoine de la ville.

• Par petits groupes, imaginez les différentes étapes de la fête et les préparatifs nécessaires.

• Organisez le travail que les membres du comité devront fournir et répartissez-le entre tous les participants.

• Préparez vos idées.

....

....

....

....

....

....

....

• Présentez votre projet aux autres groupes.

• Discutez tous ensemble pour choisir le meilleur projet.

• Discutez-en, améliorez-le si nécessaire. Mettez-vous d'accord.

//

11. Informez-vous et informez-nous.

• Lisez le texte.

La diversité : une richesse ou une source de conflits ?

Bien que de nombreux Français d'origine étrangère soient bien intégrés dans la société, l'égalité des chances n'est pas encore une réalité pour tous. Il est parfois difficile de porter un nom à consonance étrangère ou d'avoir un physique différent de celui du Français moyen.

Certains se voient refuser l'entrée des discothèques, d'autres ont des difficultés à trouver un emploi ou à louer un appartement. L'intégration est souvent longue et difficile. Selon un rapport de la Commission Nationale Consultative des Droits de l'Homme, le racisme est moins fort aujourd'hui que dans les décennies passées, mais l'actuelle crise économique ne favorise pas la tolérance. Les lois qui interdisent la discrimination existent, mais elles ne sont pas toujours parfaitement respectées. Le Défenseur des droits, nommé par le président de la République, doit y veiller et enquêter en cas de plainte.

Terre d'immigration depuis le XIXe siècle, la France a accueilli de nombreux étrangers qui l'ont enrichie de leurs cultures. Aujourd'hui, un Français sur quatre a l'un de ses grands-parents né à l'étranger.

Que sera la France de demain ? Certains parmi ces nouveaux Français sont propulsés à la une des médias grâce à leur talent. Ils deviennent sportifs de haut niveau, mais aussi artistes, écrivains, journalistes, politiciens, et démontrent ainsi que la réussite sociale n'est pas l'apanage des seuls Français de souche.

• Discutez avec les autres apprenants pour contrôler votre compréhension du texte.

• Comme dans le document, présentez la situation dans votre pays.

12. Discutez.

• Répondez aux questions pour préparer la discussion.

1. Connaissez-vous des Français célèbres d'origine étrangère ? Qui ?

....

2. Y a-t-il aussi dans votre pays des gens célèbres d'origine étrangère ? Que font-ils ?

....

3. Quelles sont d'après vous les causes du racisme ?

....

4. Épouseriez-vous quelqu'un d'une origine différente de la vôtre ? Pourquoi ?

....

5. Qu'en penserait votre famille ?

....

6. Aimeriez-vous vivre toute votre vie dans un autre pays que le vôtre ? Pourquoi ?

....

7. Si vous deviez quitter définitivement votre pays, qu'est-ce qui vous manquerait le plus ?

....

• Donnez votre opinion sur chacune des questions et discutez avec les autres apprenants.

L'immigration
• Émigrer : quitter son pays natal. Un émigré – Immigrer : venir vivre dans un autre pays. Un immigré.
• Un Français de souche est un Français dont les ancêtres étaient français eux aussi.
Commenter des chiffres
• Ces statistiques mettent en évidence **une hausse ≠ une baisse du pourcentage/du nombre** d'européens immigrés en France.
• Une **forte** hausse/baisse ≠ une **légère** hausse/baisse.
• Le nombre d'européens arrivés en France **augmente ou diminue légèrement/fortement.**
Il est **en légère (forte/nette) augmentation ≠ il est en léger (net) recul/en forte baisse.**
• Il **augmente de ≠ il diminue de** 11 %.

///

13. Entraînez-vous pour le Delf B2.

• Par deux, cherchez une problématique en relation avec le texte précédent.
• Mettez en commun toutes les problématiques proposées et choisissez celle qui vous intéresse le plus.
• Prenez position et choisissez un partenaire qui s'intéresse à la même problématique que vous et qui est du même avis que vous.
• Préparez vos arguments pour défendre votre point de vue. Pensez à trouver des exemples pour illustrer vos idées.
• Présentez votre argumentation aux autres groupes. Pensez à structurer votre discours.

///

14. Présentez les statistiques et discutez.

Pourcentage d'immigrés en France selon leur pays d'origine

Continent d'origine	en 1962	en 1968	en 1975	en 1982	en 1990	en 1999	en 2008
Europe	78,7 %	76,4 %	67,2 %	57,3 %	50,4 %	44,9 %	33,9 %
Afrique	14,9 %	19,9 %	28,%	33,2 %	35,9 %	39,3 %	42,5 %
Asie	2,4 %	2,5 %	3,6 %	8,%	11,4 %	12,8 %	14,2 %
Amérique/Océanie	3,2 %	1,1 %	1,3 %	1,6 %	2,3 %	3 %	5,3 %

Source : INSEE Recensements de la population.

• Par petits groupes, présentez les statistiques de l'immigration en France pour chacun des continents d'origine.
• Comparez les chiffres de l'immigration entre les différents continents d'origine.
• Comment évolue l'immigration des étrangers en France ? Pouvez-vous proposer des explications à ces différents mouvements de population ?

EXPOSER DES FAITS SIMULTANÉS   *1. Imiter*

OBJECTIF FONCTIONNEL : Exprimer la simultanéité de deux actions.
OUTILS : Expressions pour faire le point – La simultanéité : conjonctions, locutions et prépositions – Langue et langage.

// **PISTE 15**

1. Répondez.

• Quel est le point commun de tous ces dialogues ?
• Notez les expressions qui expriment ce point commun. Expliquez leur utilisation.

....
....
....
....

2. Imaginez les situations.

• Pour chaque mini-dialogue, imaginez la situation et qui parle.
• Discutez avec les autres apprenants pour vous mettre d'accord.

3. Complétez les dialogues et jouez les scènes.

• Avec votre partenaire, imaginez un début et une suite à ces dialogues.

....
....
....
....
....
....

• Jouez les scènes. N'oubliez pas d'utiliser les éléments de l'écoute.

OUTILS

Pour faire le point

• **Dans le fond, au fond, en fait, finalement, tout compte fait, à vrai dire, en fin de compte, tout bien considéré**… J'aime bien apprendre le français.

//

4. Répondez du tac au tac.

Vous revenez d'un long voyage. Vos amis vous posent de nombreuses questions. Répondez rapidement à leurs questions. Vous utiliserez dans chacune de vos réponses un outil proposé ci-dessus. Si vous faites une erreur, changez de rôle avec l'apprenant qui vous a posé la question.

Exemple :
Votre ami/e : Quel pays as-tu préféré ?
Vous : **À vrai dire**, je ne sais pas, j'ai besoin de réfléchir.

5. Informez-vous et discutez.

• De quoi parlent-elles ? Prenez des notes.

....

....

....

• Discutez avec les autres apprenants pour contrôler ou compléter vos informations.

6. Par deux, jouez la scène.

Carole : Qu'est-ce que tu fais, Nadine, lorsque ton mari va jouer au foot avec ses copains ?

Nadine : Ben... avant, je passais tout l'après-midi à...

OUTILS

La simultanéité entre deux actions

• Les actions se passent à un moment précis : **quand/lorsque/le jour où/au moment où**
Quand elle est arrivée, il pleuvait. – *Le jour où* ils se sont mariés, il faisait beau.

• Les actions sont habituelles : **quand/lorsque/chaque fois que/les jours où**
Élodie est malade *chaque fois qu'*elle monte en voiture. – *Lorsqu'*il pleut, elle ne sort pas.

• Les actions durent : **pendant que**
Il a plu *pendant que* nous faisions les courses.

• Les actions sont simultanées mais l'opposition est soulignée : **alors que/tandis que**
La mère travaillait dans le jardin *alors que* le père dormait.

• La durée de l'une des actions dépend de la durée de l'autre : **tant que/aussi longtemps que**
Luc restera à Paris *tant qu'*il aura du travail.

//

7. Par deux, échangez des informations.

• Choisissez un dessin et imaginez ce qui se passe en même temps que ce que vous voyez.

• Préparez votre présentation.

....

....

....

....

....

....

....

....

....

....

....

• Racontez ce que vous savez à votre partenaire et continuez le dialogue sous forme
de conversation.

// PISTE 17 ❯

8. Informez-vous et jouez la scène.

• Qui sont les deux personnes qui parlent ? De quoi parlent-elles ?

....

....

....

• Discutez avec les autres apprenants pour contrôler ou compléter vos informations.

• Imaginez une suite à ce dialogue. Notez vos idées.

....

....

....

....

....

• Jouez la scène avec votre partenaire.

M. Rouvière : Asseyez-vous je vous prie.

Mme Lalande : Merci.

OUTILS

La simultanéité

• **Au moment de** + verbe à l'infinitif.
Au moment de partir, il l'a embrassée. (Les deux verbes ont le même sujet)

• **Pendant/durant/au cours de/lors de/en plein milieu de** + nom
Il a annoncé son mariage *pendant/durant/au cours du/lors du/en plein milieu du* repas.

• **Au moment de** + nom (la simultanéité est ponctuelle)
Il a annoncé son mariage *au moment du* repas. (Quand le repas a commencé)

//

9. Discutez et mettez-vous d'accord.

• Vous êtes un groupe d'étudiants et vous apprenez le français dans une école de langue pour préparer deux examens. Le premier aura lieu en janvier et le second en septembre. D'autre part, vous allez faire un voyage en France pendant deux semaines au mois de juillet.

• L'école vous propose un stage intensif de français pendant une semaine. Vous devez choisir en commun le meilleur moment pour faire ce stage.

• Faites votre choix et préparez vos arguments.

....

....

....

• Discutez avec les autres apprenants pour vous mettre d'accord.

10. Choisissez votre rôle et jouez la scène.

• Un crime a été commis dans votre immeuble. La police va enquêter.

• Formez deux groupes :

– Un petit groupe de policiers.

– Les habitants de l'immeuble.

• Choisissez un rôle et une identité.

• Les policiers vont déterminer la nature du crime (vol, meurtre...), l'heure et le lieu exact où il a été commis, les indices retrouvés et les mobiles possibles.

• Notez les éléments choisis.

....

....

....

....

....

....

• Par deux, les habitants de l'immeuble vont choisir leur identité et préparer leurs emplois du temps pour la journée du crime. Leurs activités communes, soit dans l'immeuble, soit à l'extérieur, soit au téléphone ne peuvent pas durer plus de 3 heures. Mettez-vous d'accord avec votre partenaire.

• Notez votre emploi du temps.

....

....

....

....

....

....

....

....

• Les policiers réunissent les habitants de l'immeuble pour leur annoncer ce qui s'est passé puis ils les interrogent pour démasquer le coupable.

• Jouez la scène.

///

11. Informez-vous et informez-nous.

• Lisez le texte.

Êtes-vous doué pour les langues ?

Les Français, qui ont la réputation de ne pas être doués pour les langues, ont adopté des mesures pour améliorer leurs compétences. En effet aujourd'hui, les enfants sont sensibilisés à une langue étrangère dès l'âge de 5 ans à l'école maternelle.

Ils continueront cet apprentissage pendant les cinq années d'école primaire. À 13 ans, après deux années de collège, ils étudieront alors une deuxième langue étrangère. À l'entrée au lycée, les élèves qui le souhaitent peuvent alors apprendre une troisième langue. Dans le cadre de ces apprentissages, des échanges sont proposés aux élèves afin qu'ils puissent mettre leurs connaissances en pratique dans le pays et renforcer leur motivation. Les langues les plus couramment étudiées sont l'anglais, l'espagnol, l'allemand ou l'italien mais de plus en plus de curieux s'intéressent au russe, au chinois ou à l'arabe, langues réputées particulièrement difficiles.

Le Français reste bien sûr un sujet d'étude privilégié pour les enfants des écoles et son apprentissage leur demande de nombreux efforts. Avec la déferlante des SMS chez les jeunes, l'orthographe vole en éclats et la langue écrite adopte, pour la circonstance, de nouveaux codes. Des dictionnaires de « textos » se proposent même d'améliorer nos performances. On y trouve des transcriptions de phrases, comme par exemple « tabitou » pour « tu habites où ? », « tu vi1 2m'1 » pour « tu viens demain ? » ou encore « Léb'L » pour « elle est belle ». Encore de nouvelles règles à apprendre !

• Discutez avec les autres apprenants pour contrôler votre compréhension du texte.

• Comparez le système français avec celui de votre pays.

12. Discutez.

• Répondez aux questions pour préparer la discussion.

1. Est-il nécessaire de pratiquer une ou plusieurs langues étrangères ? Pourquoi ?

....

2. Les séjours à l'étranger sont-ils toujours indispensables pour apprendre une langue ?

....

3. Quelle est la langue la plus utile pour vous à l'exception de votre langue maternelle ? Pourquoi ?

....

4. Quels sont les mots français utilisés dans votre langue ? Ont-ils le même sens qu'en français ?

....

5. Pensez-vous que l'écriture utilisée dans les « textos » peut avoir des effets négatifs sur l'orthographe ?

....

• Donnez votre opinion sur chacune des questions et discutez avec les autres apprenants.

Langue et langage

- Une langue vivante (parlée) ≠ morte (qui n'est plus parlée : le latin, le grec ancien).
- L'extension d'une langue (le développement) ≠ l'extinction (la disparition).
- Un séjour linguistique = un séjour dans un pays étranger pour y apprendre la langue. Le linguiste est le spécialiste de la linguistique (science du langage).
- Le langage peut être familier, soutenu, technique, subversif, rudimentaire, élaboré, etc.
- On parle du langage du corps, des animaux, des fleurs.

OUTILS

///

13. Entraînez-vous pour le Delf B2.

- Par deux, cherchez une problématique en relation avec le texte précédent.
- Mettez en commun toutes les problématiques proposées et choisissez celles qui vous intéressent le plus.
- Prenez position et choisissez un partenaire qui s'intéresse à la même problématique que vous et qui est du même avis que vous.
- Préparez vos arguments pour défendre votre point de vue. Pensez à trouver des exemples pour illustrer vos idées.
- Présentez votre argumentation aux autres groupes. Pensez à structurer votre discours.

//

14. Imaginez et discutez.

- Comment apprendre le français dans des conditions idéales ?

Vous allez organiser un séjour linguistique en France de deux semaines pour un groupe d'adolescents étrangers de niveau intermédiaire.

- Choisissez un lieu pour ce séjour : une région, une ville.
- Faites la liste des activités culturelles et sportives que vous pouvez proposer à cet endroit et qui pourraient intéresser ce groupe.
- Réfléchissez aux visites touristiques que l'on peut faire dans cette région.
- Faites des choix et mettez-vous d'accord sur le programme du séjour.
  – Les heures de cours
  – Les activités sportives
  – Les activités dans la ville
  – Les visites à l'extérieur de la ville
  – Les temps libres
- Faites le programme du cours de français. Proposez des activités à pratiquer en classe.

Bilan

//

Donnez la réplique ou complétez le récit.

Attention, vous ne devez pas utiliser deux fois la même réponse.

« Pardon ? Je n'ai pas compris. Tu dois finir ce travail avant quand ? »

1. « Avant .... »

2. « .... »

3. « .... »

« Je dois t'attendre jusqu'à quand ? »

4. « .... »

5. « .... »

« Tu fais ça en attendant quoi ? »

6. « .... »

7. « .... »

8. « .... »

« J'espère que tout sera prêt quand je rentrerai ? »

9. « Oui, bien sûr, je ....

10. je ....

11. et je me .... »

« Qu'est-ce qu'on fait en France avec les déchets ? »

12. 13. 14. « Les .... ? On les..................................... et .... »

« En France, on produit surtout des énergies fossiles ? »

15. « Pas du tout, ... »

« Tu sais combien il y a d'habitants en France ? »

16. « Pas exactement, ...

17. « Pas vraiment,...

18. « Pas précisément, ... »

19. « Pas trop, ... »

« Tu finis à six heures précises ce soir ? »

20. « Non.. »

« Tu sors du travail et tu viens tout de suite ? »

21. « Oui, ... »

« Tu dois écrire cet article, et après, qu'est-ce que tu feras ?

22. « Après .... »

23. « .... »

« Il va te téléphoner, et après, qu'est-ce que tu feras ? »

24. « Après .... »

25. « .... »

« Est-ce que tous les Français étudient l'anglais ? »

26. « Non, ... ,

27. mais .... »

« Est-ce que beaucoup d'enfants français étudieront une langue étrangère dans le futur ? »

28. « Oui, ... »

« Toi, tu es française puisque tu es née en France. Mais tes parents, ils sont nés en Espagne ? »

29. « Oui, ils .... »

« Comment ? Il n'y a pas un seul étudiant dans la classe ce matin ? »

30. «Non, ... »

« Tu as bien réfléchi ? Finalement, tu l'achètes ou tu ne l'achètes pas, cette voiture ? »

31. « .... »

32. « .... »

33. « .... »

34. « .... »

35. 36. 37. 38. 39. 40. « .... les magasins font des soldes, il y a un monde fou et il faut attendre .... des heures pour pouvoir essayer quelque chose. Avec ma copine, on est bien organisés. Je fais la queue devant les cabines .... elle cherche des vêtements à essayer. Comme ça, ... elle a trouvé ce qu'elle veut, elle peut essayer plus vite. Après, elle reste dans la cabine .... moi, je vais choisir quelques articles. Pas mal non ? .... ça marchera, on continuera comme ça. »

OBJECTIFS FONCTIONNELS : Déclarer son impuissance face à un événement – Faire des hypothèses dans le passé – Faire des reproches – Exprimer des regrets (1).
OUTILS : Le conditionnel passé – Quelques sigles en relation avec le monde du travail.

// **PISTE 18** ❯

1. Répondez.

• Quel est le point commun de tous ces dialogues ?

• Notez les expressions qui expriment ce point commun. Expliquez leur utilisation.

....

....

....

....

2. Imaginez les situations.

• Pour chaque mini-dialogue, imaginez la situation et qui parle.

• Discutez avec les autres apprenants pour vous mettre d'accord.

3. Complétez les dialogues et jouez les scènes.

• Avec votre partenaire, imaginez un début et une suite à ces dialogues.

....

....

....

....

....

....

• Jouez les scènes. N'oubliez pas d'utiliser les éléments de l'écoute.

OUTILS

Déclarer son impuissance face à un événement négatif.

Il n'y a rien à faire/on n'y peut rien/qu'est-ce que tu veux y faire ?/ que veux-tu que j'y fasse ?
C'est comme ça/c'est comme ça que ça devait finir/ça devait arriver/c'est la vie !
Il faut se faire une raison = Il faut prendre les choses comme elles sont.

///

4 - Répondez du tac au tac.

Vous avez raté votre examen, votre permis de conduire, votre avion… En rentrant chez vous, vous répondez aux questions de vos amis et de votre famille. Répondez le plus rapidement possible. Vous utiliserez dans chacune de vos réponses l'un des outils proposés ci-dessus. Si l'un des apprenants ne trouve plus de question, changez de rôle avec lui.

Exemple :

Votre ami/e : Pourquoi tu n'as pas révisé, c'était important cet examen !

*Vous : Je sais bien mais, **que veux-tu que j'y fasse** ? C'est trop tard maintenant.*

5. Informez-vous et discutez.

• De quoi parlent-ils ? Prenez des notes.

....

....

....

• Discutez avec les autres apprenants pour contrôler ou compléter vos informations.

6. Par deux, jouez la scène.

Une jeune fille : Bon, qu'est-ce que je fais maintenant ? Quand mes parents vont me voir en couverture de ce magazine, je vais avoir des problèmes.

Une femme : Qu'est-ce que tu veux y faire ?...

Le conditionnel passé

• **Le conditionnel passé pour faire des hypothèses dans le passé.**

Il aurait fait beau hier, je serais sorti(e) et je me serais promené(e) au bord de la mer.

• **Le conditionnel passé pour faire des reproches sur des actions passées.**

Avec *devoir, pouvoir, mieux faire* :

– Vous *auriez dû* faire ce travail plus sérieusement ! – Tu *n'aurais pas dû* partir !

– Vous *auriez pu* vous appliquer davantage ! – Tu *n'aurais pas pu* répondre plus poliment ?

– Tu *aurais mieux fait* de ne rien dire !

OUTILS

///

7. Choisissez votre rôle et jouez la scène.

• Deux anciens amis de jeunesse se retrouvent après quelques années de séparation. L'un d'eux était très sérieux, l'autre très fêtard.

• Choisissez un personnage, adoptez son mode de pensée et faites des reproches à votre ami sur ses choix de vie.

• Préparez vos idées.

....

....

....

• Jouez la scène avec votre partenaire.

// **PISTE 20**

8. Informez-vous.

• Qui sont les deux personnes qui parlent ? De quoi parlent-elles ?

• Relevez les phrases utilisées pour exprimer des regrets.

....

....

....

• Discutez avec les autres apprenants pour contrôler ou compléter vos informations.

OUTILS

Exprimer des regrets

J'aurais dû + verbe à l'infinitif.   *J'aurais dû mieux travailler.*

Il aurait fallu que + phrase au subjonctif.   *Il aurait fallu que je sois plus sérieux.*

J'aurais mieux fait de + verbe à l'infinitif.   *J'aurais mieux fait de me taire.*

Je regrette de + verbe à l'infinitif passé.   *Je regrette d'avoir fait des bêtises.*

Je regrette de ne pas + verbe à l'infinitif passé.   *Je regrette de ne pas être allé à l'université.*

• J'ai fait une erreur, j'ai fait une bêtise, je le regrette/je le déplore/*je m'en mords les doigts.

//

9. Choisissez votre rôle et jouez la scène.

• Au moment de faire le bilan de leurs vies, ils ont quelques regrets.

• Choisissez un rôle et préparez vos idées.

....

....

....

....

• Jouez la scène avec votre partenaire.

10. Choisissez votre rôle et jouez la scène.

• Votre bateau a fait naufrage et vous avez échoué sur cette île déserte seul ou en couple. Vous discutez de votre vie passée avec vos compagnons d'infortune.

• Choisissez un rôle.

• Exprimez vos regrets et éventuellement vos reproches aux gens qui vous entourent.

• Notez vos idées.

....

....

....

....

....

....

....

....

....

• Jouez la scène en groupe.

///

11. Informez-vous et informez-nous.

• Lisez le texte.

La peur du chômage

Malgré les différentes mesures politiques prises par les gouvernements successifs, de gauche comme de droite, le chômage reste un problème important dans la société française. Les personnes les plus touchées par ce fléau sont les jeunes, particulièrement s'ils n'ont pas de formation, et les personnes âgées de plus de cinquante ans.

Depuis une vingtaine d'années, le taux de chômage avoisine les 10% de la population active. Que faire pour le réduire significativement ? Tous les hommes politiques se cassent la tête sur ce problème, mais la plupart s'y cassent aussi les dents.

Les chômeurs reçoivent une allocation qui leur permet de subvenir à leurs besoins. Mais après quelques mois ou quelques années, tout dépend du temps pendant lequel la personne a travaillé avant de se retrouver sans emploi, cette allocation se transforme en RSA. Ce Revenu de Solidarité Active est une aide appréciable, mais très inférieure au SMIC, et donc insuffisante pour vivre. Si le bénéficiaire du RSA n'a pas un entourage familial capable de le soutenir, il risque alors de devenir SDF. Une fois dans la rue, il devient vraiment difficile de décrocher un contrat de travail, que ce soit un CDD ou un CDI.

Les Français qui attendent beaucoup de l'État, espèrent que les hommes politiques finiront par trouver une solution à ce problème. Mais « l'État providence » a-t-il encore un avenir ?

• Discutez avec les autres apprenants pour contrôler votre compréhension du texte.

• Comme dans le document, présentez la situation dans votre pays.

12. Discutez.

• Répondez aux questions pour préparer la discussion.

1. Vous sentez-vous personnellement menacé par le chômage ? Pourquoi ?

....

2. Comment réagiriez-vous si vous deviez être au chômage pour une période assez longue ?

....

3. Qu'est-ce qui est plus important que le travail dans votre vie ?

....

4. Pensez-vous qu'il faille changer plusieurs fois de travail dans une vie ?

....

5. Quelle serait pour vous la profession idéale ? Pourquoi ?

....

6. Quelle profession vouliez-vous exercer quand vous étiez enfant ? Pourquoi ?

....

7. Le travail a-t-il la même importance pour les hommes que pour les femmes ?

....

8. Dans certains pays, les jeunes travaillent pendant les vacances ou le week-end pour gagner un peu d'argent de poche. Pensez-vous que c'est bien ? Avez-vous fait cette expérience ?

....

• Donnez votre opinion sur chacune des questions et discutez avec les autres apprenants.

OUTILS

Le monde du travail

• Une allocation : une aide financière donnée par l'état et financée par la collectivité solidaire.

• L'État providence : expression utilisée pour parler d'un État qui, sur la base de la solidarité, aide les citoyens les plus en difficulté.

• Le SMIC : le salaire minimum autorisé.

• Un CDD : un contrat de travail à durée déterminée. (limité dans le temps)

• Un CDI : un contrat de travail à durée indéterminée. (sans limite dans le temps)

• Un SDF : un sans domicile fixe = un sans-abri. Une personne qui vit dans la rue.

Expressions

• Se casser la tête : faire des efforts pour trouver des idées.

• Se casser les dents : ne pas réussir à résoudre un problème.

//

13 – Entraînez-vous pour le Delf B2.

• Par deux, cherchez une problématique en relation avec le texte précédent.

• Mettez en commun toutes les problématiques proposées et choisissez celle qui vous intéresse le plus.

• Prenez position et choisissez un partenaire qui s'intéresse à la même problématique que vous et qui est du même avis que vous.

• Préparez vos arguments pour défendre votre point de vue. Pensez à trouver des exemples pour illustrer vos idées.

• Présentez votre argumentation aux autres groupes. Pensez à structurer votre discours.

//

14. Imaginez et discutez.

• Les gouvernements de droite et de gauche qui se sont succédé au pouvoir n'ont pas réussi à supprimer le chômage en France. Les hommes et les femmes politiques ont décidé de se rencontrer pour trouver ensemble une solution.

Mais le débat est difficile car chaque groupe fait des reproches à l'autre au sujet de sa politique passée.

• Faites deux groupes :

– Les politiciens de gauche qui souhaitent trouver une solution basée sur les principes de solidarité.

– Les politiciens de droite qui souhaitent trouver une solution basée sur le libéralisme économique.

• Par groupe, préparez les reproches, les regrets et les propositions que vous allez exprimer dans le débat.

Choisissez les points sur lesquels vous allez intervenir.

• Faites le débat tous ensemble.

REFAIRE LE MONDE AVEC DES « SI »
1. Imiter

OBJECTIFS FONCTIONNELS : Rassurer quelqu'un – Exprimer des regrets (2) – Faire des hypothèses dans le passé.
OUTILS : La phrase hypothétique au plus-que-parfait suivie des conditionnels présent et passé – L'Europe.

// **PISTE 21**

1. Répondez.

• Quel est le point commun de tous ces dialogues ?
• Notez les expressions qui expriment ce point commun. .

....
....
....
....

2. Imaginez les situations.

• Pour chaque mini-dialogue, imaginez la situation et qui parle.
• Discutez avec les autres apprenants pour vous mettre d'accord.

3. Complétez les dialogues et jouez les scènes.

• Avec votre partenaire, imaginez un début et une suite à ces dialogues.

....
....
....
....
....
....
....
....
....
....

• Jouez les scènes. N'oubliez pas d'utiliser les éléments de l'écoute.

OUTILS

Rassurer quelqu'un.

• Ne t'inquiète pas/ne vous inquiétez pas.
• Ne te fais pas de soucis/ne vous faites pas de soucis = *ne te fais pas de bile.
• Ne t'en fais pas/ne vous en faites pas.
• N'aie pas peur/n'ayez pas peur. – Ne crains rien/ne craignez rien.
• Ne t'affole pas/ne vous affolez pas. – Pas de panique !
• Rassure-toi/rassurez-vous.
• Tu n'as rien à craindre ! Sois tranquille. Tout ira bien. Ça va s'arranger.

//

4. Répondez du tac au tac.

Vous avez décidé de faire quelque chose d'extraordinaire (le tour du monde en vélo, l'ascension d'une montagne en solitaire, la création d'une entreprise, la construction de votre maison ...) mais au moment de vous lancer, vous avez quelques inquiétudes. Vous en parlez à vos amis qui vous rassurent. Quand vous n'avez plus d'idée, changez de rôle avec un autre apprenant.

Exemple :

Vous : Maintenant qu'il faut partir, j'ai peur de ne pas être capable de faire ce tour du monde en vélo.

*Votre ami/e : Mais si, **rassure-toi**, tu vas réussir.*

Vous : Mais non, je sens que je vais tomber malade ...

// **PISTE 22** ❯

5. Informez-vous et discutez.

• De quoi parlent-ils ? Prenez des notes.

....

....

....

• Discutez avec les autres apprenants pour contrôler ou compléter vos informations.

6. Par deux, jouez la scène.

Un homme : Voilà, c'est là. Je vais me garer en face.

Une femme : Comment c'est là... mais... c'est un hôtel ? Et un quatre étoiles au moins !

OUTILS

Exprimer des regrets.

• **Si j'avais su/si j'avais été au courant**, j'aurais étudié/je serais arrivé à l'heure. (verbe au conditionnel passé)

• **Si on m'avait dit ça/si on m'avait prévenu**, j'aurais mieux travaillé/je ne serais pas venu(e).

• **J'aurais dû** faire quelque chose. **J'aurais pu** dire quelque chose. Il **aurait fallu** que je fasse quelque chose.

//

7. Imaginez et discutez.

• Choisissez un personnage et imaginez ses regrets.

• Préparez vos idées.

....

....

....

• Jouez les scènes avec votre partenaire. L'un exprime ses regrets et l'autre tente de le rassurer.

// PISTE 23 ❯

8. Informez-vous.

• Notez les différentes utilisations de la phrase hypothétique avec « si ».

. . . .

. . . .

• Discutez avec les autres apprenants pour contrôler ou compléter vos informations.

OUTILS

Faire des hypothèses dans le passé.

Si + verbe au plus-que-parfait ⇒ **phrase au conditionnel passé** (l'hypothèse et sa conséquence sont dans le passé) Si tu avais eu plus de temps libre, nous aurions voyagé.

Si + verbe au plus-que-parfait ⇒ **phrase au conditionnel présent** (l'hypothèse est dans le passé mais sa conséquence est dans le présent) Si nous avions eu des enfants, nous aurions des petits-enfants maintenant.

//

9. Imaginez.

• Qu'auriez-vous fait si ... ?

• Continuez cette série de phrases. Une phrase par apprenant.

Si j'avais toujours écouté mes parents, je n'aurais jamais fait de bêtises. Si je n'avais jamais fait de bêtises, j'aurais été différent des autres enfants. Si j'avais été différent des autres enfants, je serais souvent resté seul(e).

Si j'étais. . . . .

• Proposez d'autres phrases de départ et, en groupe, imaginez d'autres séries.

. . . .

. . . .

. . . .

//

10. Imaginez et discutez.

• Imaginez quelle aurait été votre vie si vous aviez été un homme (pour les femmes), une femme (pour les hommes).

• Préparez vos idées pour chaque proposition et discutez avec les autres apprenants.

. . . .

. . . .

• Et si vous aviez été un animal, quel animal auriez-vous aimé être ?

• Préparez votre explication en commençant par : « Si j'avais été un... »

....

....

....

• Expliquez votre choix aux autres apprenants. Posez-leur des questions sur leur choix.

//

11. Imaginez et discutez.

• Qu'auriez-vous fait si vous étiez né dans un autre pays, dans une autre culture ?

• Par deux, choisissez un des dessins proposés et imaginez la vie que vous auriez menée si vous aviez vécu dans cette culture.

• Préparez vos idées.

....

....

....

....

• Présentez vos idées aux autres apprenants. Posez-leur des questions sur leurs choix.

//

12. Informez-vous et informez-nous.

• Lisez le texte.

Français et Européen

Après la Seconde Guerre mondiale, l'Europe en ruines doit se reconstruire. En 1952, six pays se regroupent pour constituer la CECA, Communauté Européenne du Charbon et de l'Acier : la Belgique, la France, l'Italie, le Luxembourg, les Pays-Bas et la République Fédérale d'Allemagne (RFA). L'un des objectifs de ces pays est aussi de créer une communauté capable de mettre fin aux guerres qui déchirent l'Europe depuis des siècles.

En 1957, la CECA est remplacée pas la CEE, Communauté Économique Européenne, qui devient en 1992 l'Union Européenne (UE). En 2015, l'Union Européenne compte 28 états membres et 507 millions d'habitants.

Les Européens se sont rassemblés autour de valeurs communes basées sur l'économie de marché, la démocratie, mais aussi, le respect de l'être humain. L'UE nous a apporté une plus grande liberté de voyager, d'étudier et de travailler dans les autres pays de l'union. Sur les 28 pays de l'UE, 19 ont adopté une monnaie commune : l'euro, qui a été mis en circulation le 1er janvier 2002.

Cependant, les Européens gardent un fort attachement à leur pays, et l'union n'est pas synonyme d'uniformité. D'ailleurs la devise de l'union est : «Unie dans la diversité». Si les frontières sont tombées, les mentalités, les cultures et les langues restent très différentes. Chaque pays garde ses spécificités liées à son histoire et à ses traditions et contribue ainsi à la richesse culturelle de tous.

• Discutez avec les autres apprenants pour contrôler votre compréhension du texte.

• Votre pays appartient-il à l'UE ? Si oui, qu'en pensez-vous ? Si non, appartient-il à une autre union commerciale ou politique ? Expliquez.

13. Discutez

• Répondez aux questions pour préparer la discussion.

1. Connaissez-vous les 28 pays qui constituent l'Europe en 2015 ?

....

2. Choisissez quelques pays d'Europe et cherchez leurs spécificités. Caractère des habitants, mode de vie, cuisine...

....

....

....

3. Existe-t-il des caractéristiques communes à tous les Européens ?

....

....

• Donnez votre opinion sur chacune des questions et discutez avec les autres apprenants.

L'Europe

• L'Europe a des institutions communes : le Conseil, la Commission, le Parlement, La Cour de justice et la Cour des comptes.

• L'économie de marché : la production et les prix sont liés à l'offre et à la demande ≠ économie dirigée, économie planifiée.

• Des valeurs : principes de référence d'une collectivité. Des valeurs morales, esthétiques.

OUTILS

//

14. Entraînez-vous pour le Delf B2.

- Par deux, cherchez une problématique en relation avec le texte précédent.
- Mettez en commun toutes les problématiques proposées et choisissez celle qui vous intéresse le plus.
- Prenez position et choisissez un partenaire qui s'intéresse à la même problématique que vous et qui est du même avis que vous.
- Préparez vos arguments pour défendre votre point de vue. Pensez à trouver des exemples pour illustrer vos idées.
- Présentez votre argumentation aux autres groupes. Pensez à structurer votre discours.

//

15. Imaginez et discutez.

- Auriez-vous aimé vivre en France à une autre époque ?
- Discutez avec les autres apprenants et mettez-vous d'accord.
– À quelle époque de l'histoire de France se situe chacune de ces scènes ?
– Qu'est-ce qui, selon vous, caractérise chacune de ces époques ?
- Choisissez l'époque à laquelle vous auriez aimé vivre et imaginez ce qu'aurait été votre vie.
– Qui auriez-vous aimé être ?
– Où auriez-vous habité ?
– Quelles auraient été vos activités quotidiennes ?
– Auriez-vous eu une famille, des amis ?
– En quoi votre vie aurait-elle été différente de votre vie actuelle ?
- Expliquez aux autres apprenants pourquoi vous avez fait ce choix.
- Trouvez les côtés négatifs des choix des autres apprenants et essayez de les convaincre que l'époque que vous avez choisie est la plus intéressante.

a

b

c

d

e

MULTIPLIER LES HYPOTHÈSES

1. Imiter

OBJECTIFS FONCTIONNELS : Prendre la parole – Faire des hypothèses.

OUTILS : L'expression de l'hypothèse avec « si » et avec les conjonctions – Le monde du cinéma.

// **Piste 24** ❯

1. Répondez.

• Quel est le point commun de tous ces dialogues ?

• Notez les expressions qui expriment ce point commun.

....

....

....

2. Imaginez les situations.

• Pour chaque mini-dialogue, imaginez la situation et qui parle.

• Discutez avec les autres apprenants pour vous mettre d'accord.

3. Complétez les dialogues et jouez les scènes.

• Avec votre partenaire, imaginez un début et une suite à ces dialogues.

....

....

....

....

• Jouez les scènes. N'oubliez pas d'utiliser les éléments de l'écoute.

Prendre la parole

OUTILS

• Je peux dire un mot ? Je peux ajouter quelque chose ? Je peux prendre la parole ?

• Si vous permettez (si tu permets), je voudrais dire quelque chose/je voudrais intervenir.

• Désolé de vous interrompre, je.../désolé de t'interrompre, ...

• Excusez-moi de vous couper la parole, je.../Excuse-moi de te couper la parole, ...

• Je vous demande pardon mais.../Je te demande pardon mais...

• Laissez-moi parler s'il vous plaît ! (agressif)/Laisse-moi parler s'il te plaît !

//

4. Répondez du tac au tac.

Vous essayez de raconter une histoire connue de tous, mais les autres vous interrompent pour apporter des précisions.

Changez de rôle lorsque vous en avez assez d'être interrompu.

Exemple :

Vous : Je vais vous raconter l'histoire de Blanche Neige et les sept nains.

*Votre camarade : **Excuse-moi de te couper la parole**, mais cette histoire, c'est un conte.*

Vous : D'accord. Donc, dans un grand château ...

5. Informez-vous et discutez.

• Qui sont les deux personnages et de quoi parlent-ils ?

• Notez les formes utilisées pour exprimer des hypothèses.

....

....

....

• Discutez avec les autres apprenants pour contrôler ou compléter vos informations.

6. Par deux, jouez la scène.

Une femme : Et si on invitait mes parents le week-end prochain, ce serait une bonne idée non ?

Un homme : Ben... je ne sais pas moi, ...

OUTILS

Faire des hypothèses pour le présent ou pour l'avenir. (1)

• **Si + verbe au présent ou au futur** (hypothèse probable)
Si le train arrive à l'heure, tout va bien/elle sera là avant midi.

• **Si + verbe à l'imparfait** ⇒ verbe au conditionnel présent (hypothèse peu probable)
Si tu m'invitais à dîner, j'accepterais.

• **Deux verbes au conditionnel** (hypothèse peu probable)
Vous lui *écririez*, je suis sûr qu'il vous *répondrait*.

• **Dans l'hypothèse où** + verbe au conditionnel présent
Dans l'hypothèse où on prendrait le train, il faudrait réserver les places à l'avance.

• **Au cas où/dans le cas où/pour le cas où** + verbe au conditionnel présent (L'hypothèse introduite a un sens plutôt négatif).
Au cas où je serais en retard, ne m'attends pas.

//

7. Par deux, échangez des idées.

• Vous voulez voyager pendant quelques mois et vous avez besoin d'argent.

• Par deux, faites des hypothèses pour trouver cet argent.

• Complétez les propositions.

Jouer au loto.

Faire des heures supplémentaires au travail.

Vendre les bijoux de famille.

Faire de la musique sur la place publique.

....

....

....

....

....

• Discutez avec votre partenaire de chacune des propositions et faites un choix commun.

//

8. Imaginez et jouez les scènes.

« En supposant qu'on fasse réparer
la voiture, on pourrait essayer
de la revendre. »

« En admettant qu'on réussisse
à la vendre, on achèterait deux vélos
pour aller se promener. »

« Je suis d'accord pour le vélo,
à moins qu'il pleuve. »

• Pouvez-vous formuler d'une autre façon les trois hypothèses contenues dans ces trois dessins ?

• Par groupes de deux, imaginez d'autres séries d'hypothèses sur le même modèle.

....

....

....

• Jouez les scènes.

OUTILS

Faire des hypothèses pour le présent ou pour l'avenir. (2)

• **En supposant que/en admettant que** + verbe au subjonctif
En supposant que Marie ait besoin de nous, nous irions l'aider.

• **À moins que** + verbe au subjonctif = **sauf si** + verbe à l'indicatif
Nous irons à la plage *à moins qu*'il (ne) fasse trop froid.
Nous irons à la plage *sauf s*'il fait trop froid.

//

9. Imaginez et discutez.

• Le directeur de votre école a disparu depuis quelques jours. Imaginez les causes possibles de sa disparition.

....

....

....

....

• Présentez vos hypothèses en utilisant des structures variées et discutez-en avec les autres apprenants.

10. Discutez.

- En groupe, vous partez faire le tour de l'Europe en minibus.
- Faites des hypothèses sur :
- les choses que vous devriez emporter,
- les pays et les villes que vous aimeriez visiter,
- les choses que vous pourriez faire avant, pendant et après le voyage,
- les aventures qui pourraient vous arriver.
- Préparez vos idées.

....

....

....

....

....

....

- Discutez avec les autres apprenants et mettez-vous d'accord sur un projet.

//

11. Informez-vous et informez-nous.

• Lisez le texte.

> ### Zoom sur le septième art
>
> Lorsqu'en 1895 Louis et Auguste Lumière inventent le cinématographe, nul n'imagine l'importance que prendra « le septième art » quelques décennies plus tard. Malgré la domination mondiale du cinéma américain, le cinéma français trouve son public, en France et même à l'étranger. Bien qu'il dispose de moyens beaucoup plus modestes que le géant américain, le cinéma français exporte environ une vingtaine de films par ans. Ceux qui s'exportent le mieux sont ceux tournés en anglais comme récemment *Taken 2* d'Olivier Megaton ou *Lucy* de Luc Besson. Mais certains, filmés en français font tout de même une belle carrière comme *Intouchables* ou *Le fabuleux destin d'Amélie Poulain*. Quelques acteurs français s'exportent aussi, comme Marion Cotillard ou Jean Dujardin qui ont été consacrés meilleure actrice ou meilleur acteur de l'année à Los Angeles.
>
> Jean Dujardin et Marion Cotillard continuent cependant de tourner le plus souvent en français.
>
> Mais le cinéma étranger trouve aussi grâce aux yeux des spectateurs français qui se divisent en deux catégories : les inconditionnels de la VO (version originale) et les adeptes du doublage.
>
> Chaque année, le festival de Cannes attire des réalisateurs et des acteurs de toutes nationalités, venus concourir pour la Palme d'or. Mais le festival est aussi un grand marché du film qui a accueilli 11 800 participants en 2014, venus de 116 pays différents. Le cinéma ne vend pas que du rêve, c'est aussi un acteur économique non négligeable pour la France.

• Discutez avec les autres apprenants pour contrôler votre compréhension du texte.

• Comme dans le document, présentez la situation du cinéma dans votre pays.

12. Discutez.

• Répondez aux questions pour préparer la discussion.

1. Connaissez-vous des films ou des acteurs français ? Qu'en pensez-vous ?

....

2. Le cinéma français a-t-il un style particulier ?

....

3. Pourquoi, selon vous, le cinéma américain est-il le plus populaire dans le monde ?

....

4. Quel est votre film préféré ? Pourquoi ?

....

5. Préférez-vous voir les films en VO ou doublés ? Pourquoi ?

....

• Donnez votre opinion sur chacune des questions et discutez avec les autres apprenants.

Le monde du cinéma

OUTILS

• Un film comique, policier, fantastique, romantique, historique, engagé, d'aventure, d'épouvante, d'horreur, de science-fiction. Un film d'animation. Un dessin animé.

• Le réalisateur fait le film – Le scénariste écrit le scénario – Le producteur s'occupe du financement du film. La scripte, l'ingénieur du son, l'éclairagiste, le monteur.

//

13. Entraînez-vous pour le Delf B2.

• Par deux, cherchez une problématique en relation avec le texte précédent.

• Mettez en commun toutes les problématiques proposées et choisissez celle qui vous intéresse le plus.

• Prenez position et choisissez un partenaire qui s'intéresse à la même problématique que vous et qui est du même avis que vous.

• Préparez vos arguments pour défendre votre point de vue. Pensez à trouver des exemples pour illustrer vos idées.

• Présentez votre argumentation aux autres groupes. Pensez à structurer votre discours.

//

14. Discutez et mettez-vous d'accord.

• Par petits groupes, vous allez imaginer la trame d'une série télévisée. Vous ferez des propositions et vous réfléchirez aux conséquences des hypothèses proposées.

• Choisissez le milieu auquel appartiendront les principaux personnages de votre série : une famille, une bande de copains, des collègues de travail, etc.

• Choisissez où se passera votre histoire : à la ville, à la campagne, en France, dans une propriété familiale, dans un quartier particulier, dans une école, dans une entreprise...

• Choisissez vos personnages principaux et les relations qu'ils auront les uns avec les autres : leur âge, leur caractère, leurs goûts , leurs liens familiaux, affectifs, professionnels...

• Imaginez le type d'intrigues qui vont se nouer dans votre histoire : histoires d'amour, problèmes d'argent, rivalités familiales, amoureuses ou professionnelles, querelles de famille...

• Quand vous aurez fait vos choix, présentez votre série aux autres groupes.

• Discutez en groupe pour choisir l'idée la plus intéressante.

• Trouvez un titre pour la série choisie et proposez des acteurs pour tenir les rôles des personnages principaux.

Bilan

//

Donnez la réplique ou complétez le récit.

Attention, vous ne devez pas utiliser deux fois la même réponse.

« Regarde ! La neige a cassé les branches de l'olivier ! Quel dommage ! Qu'est-ce qu'on peut faire ? »

1. « .... »

2. « .... »

3. « .... »

4. « .... »

« Tu as bien préparé ton examen ? » « J'ai un peu relu les cours, c'est tout. »

5. « Tu n'es vraiment pas sérieux! Tu ....,

6. et puis tu ....

7. Enfin, tu .... »

« Maintenant que je suis vieux, je comprends que j'ai fait beaucoup d'erreurs dans ma vie.

8. Je ....,

9. je ....,

10. je ....,

11. il .... »

12. 13. 14. « Avant, Nicolas travaillait. Il touchait le salaire minimum, le ....

.... Mais il y a deux ans, il a perdu son travail. Il a aussi perdu son logement,

et maintenant il est .... Pour vivre, il ne reçoit plus que le ....,

c'est très insuffisant. »

« Oh ! J'ai perdu les clés du bureau ! Le patron va être furieux ! »

15. « .... »

16. « .... »

17. « .... »

18. « .... »

« J'ai travaillé toute ma vie dans cette entreprise ! Et maintenant, le patron me licencie !

19. Si j'avais su, j'aurais ....,

20. je serais . . . . ,

21. et je me serais . . . . »

« Tu sais, je n'ai pas répondu à la petite annonce dont je t'avais parlé. Maintenant, je le regrette.

22. Si . . . .

23. et maintenant, ... »

24. « Bien sûr, tu . . . .

25. « Fabrice et toi, vous ne vous entendrez jamais. Vous n'avez pas les mêmes . . . . »

« Bien, je crois qu'il n'y a rien à ajouter sur ce sujet. Je vous propose de passer à autre chose. »

26. « . . . . »

27. « . . . . »

28. « . . . . »

29. « . . . . »

« Pour aller à Paris, on pourrait prendre le train plutôt que la voiture. Qu'en pensez-vous ? »

30. « . . . . »

31. « . . . . »

32. « . . . . »

33. « . . . . »

« Pour les vacances, on pourrait peut-être aller faire du ski dans les Pyrénées. Non ? »

34. « . . . . »

35. « . . . . »

36. « . . . . »

37. « . . . . »

« Quel genre de film tu préfères ? »

38. « Moi, j'adore . . . . et . . . . »

39. « Moi je préfère . . . . et . . . . »

40. « Et moi, j'aime . . . . et . . . . »

Comptez vos points (1 point par réponse correcte)

→ **Vous avez plus de 30 points :** BRAVO ! C'est très bien. Vous pouvez passer à l'unité suivante.

→ **Vous avez plus de 20 points :** C'est bien, mais regardez vos erreurs, cherchez les réponses possibles dans les leçons et refaites le test. Ensuite, passez à l'unité suivante.

→ **Vous avez moins de 20 points :** Vous n'avez pas bien mémorisé cette unité, reprenez-la, puis recommencez l'auto-évaluation. Bon courage !

DONNER SON SENTIMENT

1. Imiter

OBJECTIFS FONCTIONNELS : Donner un avis positif ou négatif – Donner son sentiment sur quelque chose.

OUTILS : La construction verbale avec le pronom sujet « ça », mis pour un nom ou pour une phrase – La technologie numérique et ses dangers.

// **PISTE 26** ❯

1. Répondez.

• Notez les verbes et les expressions utilisés pour donner un avis.

• Classez-les en fonction de leur caractère positif ou négatif.

....

....

....

....

2. Imaginez les situations.

• Pour chaque mini-dialogue, imaginez la situation et qui parle.

• Discutez avec les autres apprenants pour vous mettre d'accord.

3. Complétez les dialogues et jouez les scènes.

• Avec votre partenaire, imaginez un début et une suite à ces dialogues.

....

....

....

....

....

....

....

....

• Jouez les scènes. N'oubliez pas d'utiliser les éléments de l'écoute.

OUTILS

Donner un avis

DONNER UN AVIS POSITIF
J'approuve (qqch. ou qqn).
Je n'ai pas d'objection/je ne vois pas d'objection.
Je suis pour/Je n'ai rien contre (qqch. ou qqn.)
Je suis d'accord (avec qqch. ou avec qqn.)
Je suis de votre (ton) avis.
Qqch. me convient.
Je ne trouve rien à redire (à qqch ou à qqn.)
J'apprécie (qqch. ou qqn.)

DONNER UN AVIS NÉGATIF
Je désapprouve (qqch. ou qqn.)
Je réprouve/Je condamne (qqch. ou qqn.)
Je suis contre (qqch. ou qqn.)
Je ne suis pas d'accord (avec qqch. ou avec qqn.)
Je ne suis pas de votre (ton) avis.
Qqch. ne me convient pas.

//

4 - Répondez du tac au tac.

Vous êtes le nouveau directeur de votre école et vous annoncez les nouvelles règles qui vont être appliquées à partir de maintenant. Les autres apprenants donnent leur avis en utilisant un outil proposé à la page précédente.

Quand vous n'avez plus d'idée, changez de rôle.

Exemple :

Vous : À partir de maintenant, les cours commenceront tous les matins à 6 heures.

*Votre camarade : Ah non ! Ça **ne nous convient pas** du tout !*

// **PISTE 27**

5. Informez-vous et discutez.

• Notez les réactions de chacune des femmes par rapport au sujet dont elles parlent.

....

....

• Discutez avec les autres apprenants pour contrôler ou compléter vos informations.

6. Par deux, jouez la scène.

Une femme A : Tu as vu le match de foot hier à la télé ?

Une femme B : Tu plaisantes ! Le foot, ...

Donner son sentiment sur quelque chose (1). Le pronom « ça » remplace un nom.

• **Ça** est le **sujet du verbe**. Le sport m'intéresse = Le sport, ça m'intéresse. Ça intéresse aussi les enfants. *Cette dispute, ça me fatigue, ça ne te regarde pas, ça lui plaît, ça les ennuie, ...*

• **Avec le verbe « faire » suivi d'un verbe à l'infinitif :**
Le cinéma, ça me fait rire, ça te fait pleurer, ça le fait rêver, ça la fait réfléchir, ...

• **Avec le verbe « faire » suivi d'un nom dans quelques expressions :**
Les souvenirs, ça me fait peur, ça te fait mal, ça lui fait de la peine, ça leur fait plaisir...

• **Avec le verbe « rendre » suivi d'un adjectif :**
La musique, ça me rend triste, ça te rend fou, ça le rend nerveux, ça la rend malade, ...

OUTILS

//

7. Discutez.

• Quelles réactions provoquent chez vous ces différentes choses ? Ça vous choque, ça vous calme, ça vous gêne...?

Êtes-vous d'accord avec les réactions de votre partenaire ?

• Notez vos premières réactions.

La musique classique	....
La télé-réalité	....
Les familles nombreuses	....
La mode	....
La publicité	....
Les fêtes foraines	....
Les jeux de société	....
Les gens timides	....

• Sous forme de conversation, discutez avec votre partenaire de chacun des thèmes proposés.

/// **PISTE 28**

8. Informez-vous et jouez la scène.

• Quelle est la situation? Quelle est la relation entre les deux femmes ?

• Notez les phrases construites avec « ça ».

....

....

....

• Discutez avec les autres apprenants pour contrôler ou compléter vos informations.

• Jouez la scène.

Mme Lamart : Vous savez, mademoiselle Breton, ça ne me plaît pas beaucoup cette histoire.

Melle Breton : Mais c'est seulement pour une nuit, madame Lamart. Ça ne gênera personne...

OUTILS

Donner son sentiment sur quelque chose (2). Le pronom « ça » remplace une phrase.

• Même personne pour le sujet et le pronom complément ⇒ (de + verbe à l'infinitif)

Je joue aux cartes, ça **me** plaît. = Ça me plaît **de jouer** aux cartes.

• Le sujet et le pronom complément ne sont pas la même personne ⇒ (que + verbe au subjonctif)

Il fait du sport, ça **m'**énerve. = Ça m'énerve **qu'il fasse** du sport.

//

9. Choisissez votre rôle et jouez la scène.

• Ils ont l'air différents. Ont-ils les mêmes goûts ?

• Par deux, choisissez un rôle et imaginez la suite de la conversation entre les deux personnes.

• Préparez vos idées.

....

....

....

• Jouez la scène avec votre partenaire.

10. Imaginez et discutez.

• Pour moderniser votre village, le maire a fait appel à un architecte célèbre. Vous êtes les habitants de ce village et vous découvrez son nouveau projet de construction.

• Choisissez un rôle et une personnalité.

Exemples :

Un petit commerçant conservateur, le maire du village, un artiste peintre excentrique, un agriculteur écologiste, un directeur d'école traditionnel, un éleveur de moutons rêveur, un employé de bureau modèle, une chanteuse lyrique à la retraite...

• Imaginez les sentiments de votre personnage face à ce projet.

• Préparez vos idées.

....

....

....

....

....

• Jouez la scène avec les autres apprenants.

//

11. Informez-vous et informez-nous.

• Lisez le texte.

La révolution numérique

La multiplication des écrans dans notre société, ceux des ordinateurs, des tablettes, des jeux vidéo, des smartphones, des liseuses, ou même des télévisions, a profondément transformé notre rapport à nous-mêmes, au savoir et aux autres. Dès leur plus jeune âge, les enfants sont confrontés quotidiennement à ces écrans. Dans un récent rapport très contesté, l'Académie des sciences juge cette exposition plutôt bénéfique à tous les âges, car elle stimule l'intelligence des enfants, si les écrans sont interactifs et si la pratique est sérieusement encadrée par les parents ou les enseignants. En revanche, des chercheurs en neurosciences et en pédopsychiatrie s'insurgent contre ces conclusions et dénoncent les effets dévastateurs des écrans sur le développement intellectuel, la sociabilité et la santé. Qui croire ? Quelle attitude les parents doivent-ils adopter ?

Pour la plupart, ils encouragent leurs enfants à utiliser ces technologies, dont la maîtrise leur paraît essentielle pour leur avenir. Mais le plus difficile est de fixer des limites, limites de temps mais aussi limites d'accessibilité.

Combien de temps peut-on passer sur les écrans sans perdre contact avec la vie réelle ? Quels sont les contenus dont il faut protéger les enfants ? Tous répondent en chœur qu'il est nécessaire de les protéger des sites qui montrent la violence, mais qu'en est-il des réseaux sociaux qui ont entraîné le suicide de certains adolescents mal dans leur peau et rejetés par leurs camarades de classe ?

• Discutez avec les autres apprenants pour contrôler votre compréhension du texte.

• La situation dans votre pays est-elle semblable ?

12. Discutez.

• Répondez aux questions pour préparer la discussion.

1. Selon vous, combien de temps par jour, est-il raisonnable de passer devant des écrans ?

....

2. À partir de quel âge avez-vous commencé à jouer sur un écran ? Était-ce le bon moment ?

....

3. Que faites-vous le plus souvent sur un écran ?

....

4. Que pensez-vous des parents qui interdisent l'accès aux écrans à leurs enfants ?

....

5. Internet favorise-t-il le contact avec les autres ou le dessert-il ?

....

6. Quels autres objets connectés utilisez-vous ? Pour quoi faire ? (bracelet, montre, caméra ...)

....

7. De quoi ne pourriez-vous pas vous passer : un ordinateur, une tablette, un smartphone ou la télévision ?

....

• Donnez votre opinion sur chacune des questions et discutez avec les autres apprenants.

La technologie numérique

- Les objets connectés : montre, bracelet, station météo, alarme, ampoule ...
- Les TICE (les Technologies de l'Information et de la Communication pour l'Enseignement)
Les TICE regroupent un ensemble d'outils numériques conçus et utilisés en milieu scolaire pour l'enseignement et l'apprentissage. Par exemple, les manuels numériques, les tableaux blancs interactifs (TBI), les plates-formes d'apprentissage en ligne, etc...

Les dangers

- La dépendance. Être dépendant des jeux vidéo = ne plus pouvoir vivre sans jeux vidéo. Être accro aux jeux. (familier)
- La cybercriminalité qui utilise les réseaux informatiques dans un but criminel.
L'escroquerie. Escroquer quelqu'un = tromper quelqu'un pour le voler.
Le piratage. Pirater un site = s'introduire sur un site protégé pour y voler des informations.
Le harcèlement. Harceler quelqu'un = tourmenter quelqu'un par des critiques ou des demandes incessantes. Être victime de harcèlement.
- La désinformation sur Internet = le fait de faire circuler de fausses informations, des rumeurs.

OUTILS

//

13. Entraînez-vous pour le Delf B2.

- Par deux, cherchez une problématique en relation avec le texte précédent.
- Mettez en commun toutes les problématiques proposées et choisissez celle qui vous intéresse le plus.
- Prenez position et choisissez un partenaire qui s'intéresse à la même problématique que vous et qui est du même avis que vous.
- Préparez vos arguments pour défendre votre point de vue. Pensez à trouver des exemples pour illustrer vos idées.
- Présentez votre argumentation aux autres groupes. Pensez à structurer votre discours.

//

14. Imaginez et discutez.

- Vous venez de passer deux semaines de vacances « déconnectées » : pas d'ordinateur ni de tablette, pas de smartphone ni même de téléphone portable. De retour chez vous, vous discutez avec vos copains de vacances de cette expérience particulière.

- Exprimez votre sentiment. Dites ce qui vous a plu et ce qui vous a déplu. Discutez avec les autres apprenants.

LEÇON 2

EXPRIMER SON OPINION

1. Imiter

OBJECTIF FONCTIONNEL : Exprimer son opinion et ses doutes.

OUTILS : Indicatif et subjonctif dans l'expression de l'opinion et du doute – Problèmes et solutions – Question de confiance.

// PISTE 29 ▶

1. Répondez.

• Notez les formes utilisées pour introduire une opinion.

....

....

....

....

2. Imaginez les situations.

• Pour chaque mini-dialogue, imaginez la situation et qui parle.

• Discutez avec les autres apprenants pour vous mettre d'accord.

3. Complétez les dialogues et jouez les scènes.

• Avec votre partenaire, imaginez un début et une suite à ces dialogues.

....

....

....

....

....

....

....

• Jouez les scènes. N'oubliez pas d'utiliser les éléments de l'écoute.

OUTILS

Exprimer son opinion, verbes introducteurs

Pour une phrase :

• *Je pense que/je crois que/il me semble que/j'ai l'impression que* ⇒ vous êtes étrangers.

• *Je trouve que/j'estime que* ⇒ vous parlez bien français. (opinion basée sur une évaluation)

• *Je suppose que/j'imagine que* ⇒ vous avez étudié le français. (opinion basée sur des faits considérés comme établis)

Pour un adjectif :

• *Léo, je le crois/je le trouve/je l'estime* ⇒ intelligent.

(le pronom remplace une personne ou une idée) *Je crois/je trouve/j'estime* Léo intelligent.

• *Ce canapé, je le trouve confortable.*

(le pronom remplace une chose) *Je trouve ce canapé* confortable.

• *Qqn. ou qqch. me paraît/qqn. ou qqch. me semble/qqn. ou qqch. m'a l'air* + adjectif.

Tes amis me paraissent sympathiques. Ce projet me semble réaliste. Ce livre m'a l'air intéressant.

//

4. Répondez du tac au tac.

Vous venez d'être élu chef d'état et les journalistes veulent connaître votre avis sur tout. Répondez le plus rapidement possible à leurs questions. Vous utiliserez dans chacune de vos réponses un outil proposé à la page précédente. Quand vous n'avez plus d'idée, changez de rôle avec un journaliste.

Exemple :

Journaliste : Monsieur le président, que pensez-vous du dernier match de foot de l'équipe de France ?

*Vous : **Je trouve que** les joueurs ont réussi un très beau match.*

//

5. Discutez.

• Regardez les différents thèmes proposés. Qu'en pensez-vous ?

• Préparez vos idées.

Les jeux à la télévision

Les qualités du conjoint idéal

La date de construction
de la tour Eiffel

....

....

....

....

....

....

....

....

....

La femme la plus
séduisante de la planète

La langue française

Les animaux domestiques

....

....

....

....

....

....

....

....

....

• Sous forme de conversation, exprimez votre opinion et discutez avec votre partenaire de chacun des thèmes proposés.

// **PISTE 30**

6. Informez-vous et jouez la scène.

• De quoi les deux personnes parlent-elles ?

• Quelles sont les opinions de chacune d'elles ?

• Notez les différentes constructions utilisées pour exprimer ces opinions.

....

....

....

....

• Discutez avec les autres apprenants pour contrôler ou compléter vos informations.

• Jouez la scène.

Une femme : Alors, cette pétition, tu la fais circuler oui ou non ?

Un homme : J'hésite encore, je ne suis pas sûr que ce soit nécessaire.

OUTILS

L'utilisation du subjonctif dans l'expression de l'opinion et du doute

L'expression de l'opinion :

• *Je trouve/il me semble/il me paraît* + **adjectif** + que + phrase au subjonctif

Je trouve/il me semble/il me paraît *nécessaire que vous appreniez cette règle.*

L'expression du doute :

• *Je ne suis pas sûr(e) que/je ne suis pas certain(e) que/je doute que* + phrase au subjonctif

Je ne suis pas sûr/je ne suis pas certain/je doute qu'il vienne.

• *Je ne pense pas que/je ne crois pas que/je ne trouve pas que* + phrase au subjonctif

Je ne pense pas que/je ne crois pas que/je ne trouve pas que vous ayez l'air fatigué.

//

7. Choisissez votre rôle et jouez la scène.

• Ils rêvent tous deux de vacances mais ils ne savent pas quoi choisir.

• Chacun exprime son opinion et ses doutes.

• Choisissez un rôle et préparez vos idées.

....

....

....

....

....

....

....

• Jouez la scène avec votre partenaire.

//

8. Discutez et mettez-vous d'accord.

• Un nouveau quartier va être aménagé dans votre ville. Regardez les deux projets proposés et choisissez celui qui vous convient le mieux.

• Faites deux groupes en fonction du projet choisi.

• Préparez les raisons de votre choix.

....

....

....

• Donnez votre avis sur chacun des projets et débattez avec les autres apprenants pour faire le meilleur choix.
Mettez-vous d'accord.

//

9. Informez-vous et informez-nous.

• Lisez le texte.

Halte à l'hécatombe sur les routes

Avec 3 250 morts par accident sur la route en 2013 contre 8 079 en 2000, le bilan s'améliore très sérieusement, mais reste encore trop lourd. Un quart des victimes de la route ont entre 18 et 24 ans, alors qu'ils ne représentent que 9 % de la population française.

Un tiers des accidents est dû à la consommation d'alcool, viennent ensuite la vitesse, le téléphone et la fatigue. 75 % des morts sur la route sont des hommes et 32% des femmes victimes étaient des passagères.

Depuis une dizaine d'années, le gouvernement a décidé de s'attaquer aux causes des accidents et entre autres, à la vitesse. Dès 2002, des radars contrôlent la vitesse des automobiles, flashent celles qui ne respectent pas les limites imposées et sanctionnent les conducteurs qui contreviennent à la règle. Depuis 2014, les radars double face flashent les voitures en infraction dans les deux sens de circulation. Ces mesures sont efficaces, la mortalité sur les routes baisse.

D'autre part, des campagnes de prévention sont régulièrement diffusées dans les médias pour mettre en garde les conducteurs contre la vitesse et l'alcool au volant. Pour les jeunes, l'opération « capitaine de soirée » qui a pour objectif de sensibiliser ceux qui sortent le samedi soir et rentrent chez eux en voiture est entrée dans les mœurs. Le capitaine de soirée, c'est celui qui s'engage à ne pas boire d'alcool et donc, qui ramènera ses copains à la maison, celui auquel les autres font confiance. Il laisse ses clés de voiture à l'accueil de la discothèque et les récupère à la sortie après avoir soufflé dans un éthylotest. Capitaine de soirée, c'est chacun son tour !

• Discutez avec les autres apprenants pour contrôler votre compréhension du texte.

• Comme dans le document, présentez la situation dans votre pays.

10. Discutez.

• Répondez aux questions pour préparer la discussion.

1. Quelles sont les qualités nécessaires pour être un bon conducteur ?

....

2. Quelles mesures faut-il prendre pour réduire le nombre des accidents ?

....

3. Pourquoi les jeunes sont-ils les principales victimes des accidents de la route ?

....

4. Quel est l'âge idéal pour apprendre à conduire ?

....

5. Quel est votre moyen de transport préféré en ville ? Est-il le plus efficace ?

....

6. Et pour les longs trajets, quel moyen de transport préférez-vous ?

....

• Donnez votre opinion sur chacune des questions et discutez avec les autres apprenants.

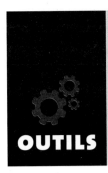

Problèmes et solutions
• La sécurité routière pose problème, nous devons réfléchir sur ce sujet.
• S'attaquer à un problème = chercher une solution avec obstination.
• Résoudre un problème = trouver une solution, le solutionner. (Il résout/ils résolvent un problème.)

Question de confiance
• Faire confiance à quelqu'un. – avoir confiance en quelqu'un. – pouvoir compter sur quelqu'un.
• Se fier à quelqu'un. ≠ se méfier de quelqu'un. Cette personne est fiable, on peut lui faire confiance.

///

11. Entraînez-vous pour le Delf B2.

• Par deux, cherchez une problématique en relation avec le texte précédent.
• Mettez en commun toutes les problématiques proposées et choisissez celles qui vous intéressent le plus.
• Prenez position et choisissez un partenaire qui s'intéresse à la même problématique que vous et qui est du même avis que vous.
• Préparez vos arguments pour défendre votre point de vue. Pensez à trouver des exemples pour illustrer vos idées.
• Présentez votre argumentation aux autres groupes. Pensez à structurer votre discours.

///

12. Imaginez et discutez.

> ### Société
> ### GRANDLUXE
>
> recrute chauffeur de classe
> pour conduire personnalités
> à travers la capitale
>
> *Qualités requises :*
> Conduite souple et rapide
> Connaissance parfaite de la ville
> Excellente présentation
> Français châtié
> Patience et disponibilité
> Seconde et troisième langue appréciées
>
> **Salaire annuel proposé**
> **48 000 euros nets**
>
> Envoyer CV au journal
> avec lettres de recommandation.
> Annonce N° 121

• Cette petite annonce vous intéresse ? Présentez-vous à la société Grandluxe.
• Choisissez deux ou trois personnes pour représenter l'entreprise. Les autres apprenants seront les candidats à l'emploi.
• Les candidats doivent se présenter et expliquer pourquoi ils pensent être les plus aptes à occuper cet emploi.
• Après ces présentations, les candidats répondront en groupe aux questions des recruteurs.
• Les recruteurs organisent les présentations, posent des questions et choisissent finalement le meilleur candidat.

OBJECTIFS FONCTIONNELS : Exprimer un désir, un espoir – Exprimer ses regrets, sa déception, sa satisfaction par rapport à des faits passés.

OUTILS : Le subjonctif passé – La célébrité.

/// **PISTE 31**

1. Répondez.

• Qu'y a-t-il de commun dans tous ces dialogues ?

• Notez les expressions utilisées pour exprimer ce point commun.

....

....

....

....

2. Imaginez les situations.

• Pour chaque mini-dialogue, imaginez la situation et qui parle.

• Discutez avec les autres apprenants pour vous mettre d'accord.

3. Complétez les dialogues et jouez les scènes.

• Avec votre partenaire, imaginez un début et une suite à ces dialogues.

....

....

....

....

....

....

....

....

• Jouez les scènes. N'oubliez pas d'utiliser les éléments de l'écoute.

OUTILS

Exprimer un désir, un espoir.

Constructions suivies d'un subjonctif (2 sujets)	Constructions suivies d'un infinitif (1 seul sujet)
Pourvu que <u>mon ami vienne</u> !	*J'espère <u>partir</u>*
Je voudrais bien que..., J'aimerais bien que...	*Je voudrais bien..., J'aimerais bien...*
J'ai (bien/très) envie que...	*J'ai (bien/très) envie de...*
Ça me dirait (bien) que..., Ça me tenterait que...	*Ça me dirait (bien) de..., Ça me tenterait de...*
Ça me ferait (très) plaisir que...	*Ça me ferait (très) plaisir de...*
Je serais (très) content/heureux/que...	*Je serais (très) content/heureux de...*

J'espère que + verbe à un temps de l'indicatif : *J'espère (bien) que mon ami viendra.*

Verbe au conditionnel + *bien* : *Je prendrais bien des petites vacances moi !*

//

4. Répondez du tac au tac.

Pour votre anniversaire, la fée Clochette vous propose de réaliser trois de vos souhaits les plus chers. Répondez-lui le plus vite possible en utilisant dans chacune de vos réponses un outil proposé à la page précédente. Quand vous avez formulé vos trois souhaits, prenez le rôle de la fée Clochette.

Exemple :

Clochette : Qu'est-ce qui te ferait plaisir pour ton anniversaire ?

Vous : Je serais content/e que mes amis viennent dîner à la maison, je voudrais que vous prépariez un excellent repas et après, ça me ferait plaisir de partir en voyage avec vous.

//

5. Discutez.

• Choisissez les idées qui vous intéressent le plus parmi celles qui vous sont suggérées par les dessins et imaginez des souhaits correspondants.

• Préparez vos idées.

....

....

....

....

....

....

• Sous forme de conversation, discutez avec votre partenaire de chacun des souhaits choisis.

/// PISTE 32

6. Informez-vous et jouez la scène.

• De quoi les deux personnes parlent-elles ?

• Notez les verbes conjugués au subjonctif. Que remarquez-vous ?

....

....

....

• Discutez avec les autres apprenants pour contrôler ou compléter vos informations.

• Jouez la scène.

Un homme : Alors, ta fille, tu as des nouvelles ?

Une femme : Non. J'aimerais tant qu'elle réussisse, depuis le temps qu'elle cherche !

OUTILS

Le subjonctif passé

• **Formation**

L'auxiliaire **avoir** ou **être** au subjonctif présent + le participe passé du verbe

Je regrette qu'il ait quitté le salon, qu'il soit parti dans sa chambre et qu'il se soit couché sans rien dire.

• **Utilisation**

Quand l'action du verbe de la subordonnée est antérieure à celle du verbe principal.

Je suis désolé qu'il ait perdu ses clés. Je suis désolé (maintenant). Il a perdu ses clés (avant).

• Quand l'action du verbe au subjonctif est envisagée comme achevée avant une date limite.

Il est onze heures, je voudrais bien qu'il soit parti avant midi. (L'action doit être finie avant midi.)

///

7. Imaginez et discutez.

• Aujourd'hui, c'est votre anniversaire. Quand vous avez quitté la maison ce matin, tout le monde dormait. Vous êtes donc parti sans voir personne mais vous espérez bien qu'une surprise vous attend ce soir.

• En rentrant chez vous après votre journée de travail, vous pensez à ce que vous allez découvrir lorsque vous allez pousser la porte de votre maison. Qu'est-ce que vous aimeriez que vos proches aient préparé pour vous ?

• Préparez vos idées.

Exemple : Je serais content que ma famille et mes amis se soient réunis pour m'attendre...

....

....

....

....

....

• Expliquez vos espoirs aux autres apprenants.

• Discutez avec eux de leurs espoirs.

• Mettez-vous d'accord sur les meilleures idées.

8. Choisissez votre rôle et jouez la scène.

- Ils rentrent chez eux après un séjour linguistique de deux mois à l'étranger.
- Avant de partir,
- Martial avait demandé à ses parents de refaire sa chambre,
- Stéphanie avait demandé à sa sœur de faire les soldes pour elle,
- Laurent avait demandé à son meilleur copain de lui trouver la voiture de ses rêves,
- Virginie avait demandé à son petit ami de leur trouver un nouvel appartement.
- Choisissez un rôle et préparez la liste de vos souhaits.

....

....

....

....

....

....

- Sous forme de conversation, racontez à vos amis ce que vous aimeriez que vos parents ou amis aient fait avant votre retour. Posez des questions aux autres apprenants et répondez aux leurs.

//

9. Informez-vous et informez-nous.

• Lisez le texte.

Le vedettariat à tout prix

Où est passée l'époque où les enfants rêvaient de devenir pompier, infirmière, professeur ou médecin? Aujourd'hui, le rêve de beaucoup, c'est de devenir vedette. Peu importe souvent les moyens d'y parvenir, ce qui compte avant tout, c'est la reconnaissance d'un public et, si possible, l'argent qui va avec. Les objectifs les plus prisés sont de devenir footballeur pour les garçons, chanteur pour les garçons et les filles ou bien n'importe quoi qui puisse être vu à la télévision. La télévision encourage ce désir de notoriété en multipliant les programmes auxquels participent des anonymes en quête de célébrité. Citons par exemple ces émissions qui propulsent sur le devant de la scène des apprentis chanteurs qui rêvent d'inscrire leur nom en lettres lumineuses à la devanture des salles de spectacle.

Mais ce ne sont pas les seules. Depuis quelques années, les émissions de télé-réalité se multiplient. Seriez-vous capable de vivre sur une île déserte plutôt hostile ? Vous pouvez peut-être devenir célèbre ! Pensez-vous pouvoir séduire un faux milliardaire ? Vous avez aussi toutes vos chances de passer à la télévision. Vous êtes sûr de pouvoir démontrer à tous que votre couple est solide et que vous résisterez à toutes les tentations possibles ? Tout espoir n'est pas perdu pour vous, on vous verra peut-être un jour sur le petit écran. Et si vous ne correspondez à aucun des cas précités, ne vous inquiétez pas, il y a encore bien d'autres possibilités.

Mais si vous préférez l'anonymat, rien ne vous empêche de choisir un métier « banal », comme pompier ou infirmière.

• Discutez avec les autres apprenants pour contrôler votre compréhension du texte.

• Comme dans le document, présentez la situation dans votre pays.

10. Discutez.

• Répondez aux questions pour préparer la discussion.

1. Connaissez-vous d'autres émissions de télé-réalité que celles qui sont évoquées dans le texte? Lesquelles ?

....

2. Laquelle de ces émissions vous tenterait le plus ? Seriez-vous prêt à y participer ?

....

3. Pensez-vous que les gens qui ont participé à ce genre d'émission peuvent rencontrer des difficultés plus tard ?
Lesquelles par exemple ?

....

4. Êtes-vous pour ou contre ce genre d'émission ? Expliquez pourquoi.

....

5. Comment expliquez-vous la popularité de ces émissions ?

....

6. Quels sont les avantages et les inconvénients de la célébrité ?

....

7. Si vous deviez choisir un métier qui conduit à la célébrité, lequel choisiriez-vous ?

....

• Donnez votre opinion sur chacune des questions et discutez avec les autres apprenants.

La célébrité

• Un artiste, un sportif peut être connu, populaire, célèbre.

• Un médecin, un avocat peut être *renommé, réputé*. *Renommé* et *réputé* se disent d'une chose ou d'une personne connue de beaucoup comme étant excellente.

• Un écrivain, un peintre, un homme d'État peut être *illustre*. *Illustre* s'utilise pour une personne qui est célèbre pour son œuvre.

Exprimer ses regrets, sa déception, sa satisfaction par rapport à des faits passés.

• *Je regrette, je suis déçu, je suis désolé, c'est dommage, c'est regrettable, c'est *bête...*

• *Je me réjouis, je suis ravi, je suis contente, je suis heureuse, je suis satisfaite...*

+ de + verbe à l'infinitif passé. ⇒ Je regrette d'avoir participé à cette émission. (1 seul sujet)

+ que + verbe au subjonctif passé. ⇒ Je me réjouis que vous ayez gagné. (2 sujets différents)

///

11. Entraînez-vous pour le Delf B2.

• Par deux, cherchez une problématique en relation avec le texte précédent.

• Mettez en commun toutes les problématiques proposées et choisissez celle qui vous intéresse le plus.

• Prenez position et choisissez un partenaire qui s'intéresse à la même problématique que vous et qui est du même avis que vous.

• Préparez vos arguments pour défendre votre point de vue. Pensez à trouver des exemples pour illustrer vos idées.

• Présentez votre argumentation aux autres groupes. Pensez à structurer votre discours.

///

12. Imaginez et discutez.

• En groupe, choisissez le thème d'une émission de télé-réalité que vous connaissez ou imaginez-en une nouvelle.

• Discutez, mettez-vous d'accord.

• Quand vous avez choisi, faites deux groupes : les journalistes et les participants à l'émission.

• Les journalistes vont préparer des questions à poser aux participants sur :

– ce qu'ils ont vécu pendant l'émission,

– leurs satisfactions,

– leurs regrets, leurs déceptions.

• Les participants vont se mettre d'accord sur :

– l'histoire de leur aventure,

– ce qu'ils ont aimé et ce qu'ils n'ont pas aimé dans l'aventure,

– les compliments et les reproches qu'ils peuvent faire aux organisateurs de l'émission.

• Quand les deux groupes sont prêts, réalisez l'interview.

Bilan

//

Donnez la réplique ou complétez le récit.

Attention, vous ne devez pas utiliser deux fois la même réponse.

« Pouvez-vous me dire si vous êtes d'accord avec ce projet de loi ? »

1. « .... »

2. « .... »

3. « .... »

4. « .... »

« Moi, la télévision, ça ne me plaît pas beaucoup. Et toi ? »

5. « .... »

6. « .... »

7. « .... »

« Regarder un film d'amour, ça te plaît ? »

8. « .... »

« Et si tes voisins font du bruit jusqu'à 4 heures du matin, ça t'énerve ? »

9. « .... »

10. Aujourd'hui, les jeunes préfèrent étudier sur les outils .... que sur les livres.

11. Ces jeunes jouent toute la journée sur leur ordinateur. Ils sont ....

12. Monsieur Lefranc s'est fait voler son numéro de carte bancaire sur Internet, il est victime du

.... d'un site où il fait régulièrement des achats.

13. Tous les jours, Jules reçoit des messages insultants, c'est du ....

« À votre avis, il va faire beau ou il va pleuvoir ? »

14. « .... »

15. « .... »

16. « .... »

« Que pensez-vous de Ludivine ? Est-elle est capable de gagner ce concours ? »

17. « .... »

18. « .... »

« Elle me paraît neuve, cette voiture. Qu'en pensez-vous ? »

19. « .... »

20. « .... »

« Je vais faire réparer la télévision, ça me paraît nécessaire. Qu'en pensez-vous ?

21. « Oui, ... »

« Êtes-vous sûr que vos amis sont là ? »

22. « Non, ... »

23. « .... »

24. « .... »

« Jérémie a l'air heureux, tu ne trouves pas ? »

25. « Non, ... »

26. 27. 28. « Quand il a un problème, il ne tourne pas autour du pot, il ....

C'est le moyen le plus efficace de le .... le plus vite possible. Moi, j'ai ....

lui, c'est un homme fiable. »

29. « Je pars en vacances au bord de la mer, ... il fasse beau ! »

« Et qu'est-ce que tu souhaites faire à la mer ? »

30. « .... »

31. « .... »

32. « .... »

33. « .... »

« Tu souhaites que je m'occupe de ton appartement pendant ton absence ? »

34. «Oui, ... »

35. « .... »

« Tes amis sont allés à Paris sans toi. Tu le regrettes ? »

36. « .... »

« Ta sœur a réussi son examen. Tu es content ? »

37. « .... »

38. « .... »

« La mienne l'a raté ! »

39. « .... »

40. « .... »

Comptez vos points (1 point par réponse correcte)

→ **Vous avez plus de 30 points** : BRAVO ! C'est très bien. Vous pouvez passer à l'unité suivante.

→ **Vous avez plus de 20 points** : C'est bien, mais regardez vos erreurs, cherchez les réponses possibles dans les leçons et refaites le test. Ensuite, passez à l'unité suivante.

→ **Vous avez moins de 20 points** : Vous n'avez pas bien mémorisé cette unité, reprenez-la, puis recommencez l'auto-évaluation. Bon courage !

OBJECTIF FONCTIONNEL : Argumenter dans la discussion.

OUTILS : L'expression de l'opposition – L'expression de la concession – L'art de négocier.

// PISTE 33 ❯

1. Répondez.

• Quel est le point commun de tous ces dialogues ?

• Notez les mots qui permettent d'exprimer ce point commun.

....

....

....

2. Imaginez les situations.

• Pour chaque mini-dialogue, imaginez la situation et qui parle.

• Discutez avec les autres apprenants pour vous mettre d'accord.

3. Complétez les dialogues et jouez les scènes.

• Avec votre partenaire, imaginez un début et une suite à ces dialogues.

....

....

....

....

....

• Jouez les scènes. N'oubliez pas d'utiliser les éléments de l'écoute.

OUTILS

L'expression de l'opposition

• **Alors que/tandis que** : Ma voiture est vieille alors que/tandis que la tienne est neuve.

• **Autant... autant** : Autant ma femme est calme, autant la tienne est nerveuse.

• **Au contraire** : Il n'a pas l'air fatigué, au contraire, je le trouve très en forme.

• **Par contre, en revanche** : Il est sérieux, par contre/en revanche, il n'est pas très amusant.

• **Contrairement à** : Fabien est travailleur, contrairement à Sonia qui est très rêveuse.

• **Au lieu de** : Loïc n'est pas sérieux, il va au cinéma au lieu d'aller en cours.

//

4. Répondez du tac au tac.

Votre directeur/directrice n'est pas très content de vous et il/elle vous fait des reproches. Répondez-lui le plus rapidement possible en utilisant dans chacune de vos réponses un des outils proposés précédemment. Lorsqu'il ou elle n'a plus d'idée, changez de rôle.

Exemple :

Le directeur : Vous arrivez toujours en retard le matin !

*Vous : C'est vrai, **en revanche** je pars toujours le dernier le soir.*

//

5. Cherchez les différences.

- Il y a 15 différences entre ces deux dessins.
- Cherchez-les et présentez-les en utilisant l'expression de l'opposition.
- Attention ! Vous devez utiliser toutes les constructions proposées dans les outils.

//

6. Par deux, imaginez d'autres oppositions.

- Qu'est-ce qui oppose les habitants d'un pays à ceux d'un autre pays ?
- Regardez les phrases ci-dessous et continuez la série. Une phrase par apprenant.

Les Français boivent du café alors que les Chinois boivent du thé.

Les Chinois sont tous bruns, au contraire, les Suédois sont souvent blonds.

Autant les Suédois sont grands, autant les Vietnamiens sont petits.

- À vous.

// **PISTE 34**

7. Informez-vous et jouez la scène.

Qui sont les deux personnes qui parlent et quelle est la situation ?

Sur quoi ne sont-elles pas d'accord ?

. . . .

. . . .

. . . .

• Discutez avec les autres apprenants pour contrôler ou compléter vos informations.

• Jouez la scène.

Un homme : Allô, Rapide Dépannage, j'écoute.

Une femme : Bonjour monsieur, c'est madame Duroule. Bien que vous soyez venu réparer...

OUTILS

L'expression de la concession
• **Bien que/quoique** + *subjonctif* – Bien qu'il fasse moins 15 degrés, il n'a pas froid.
• **Même si** + *indicatif* – Vous devez aller travailler, même si vous n'en avez pas envie.
• **Quand bien même** + *conditionnel* – Quand bien même il serait roi, elle ne l'aimerait pas !
• **Malgré/en dépit de** + *nom* – Malgré son courage, il n'a pas supporté ce nouvel échec.
• **Pourtant, cependant, néanmoins** – Il fait chaud, pourtant, c'est encore l'hiver.
• **Quand même** – Il est malade, (mais) il va en classe quand-même. (souvent associé à un autre marqueur)

//

8. Choisissez votre rôle et jouez la scène.

• Malgré les mises en garde de sa sœur, ce jeune homme veut se marier avec la jeune fille de ses rêves.

• Choisissez votre rôle et préparez vos idées.

. . . .

. . . .

. . . .

• Jouez la scène entre le frère et la sœur.

//

9. Choisissez votre rôle et jouez la scène.

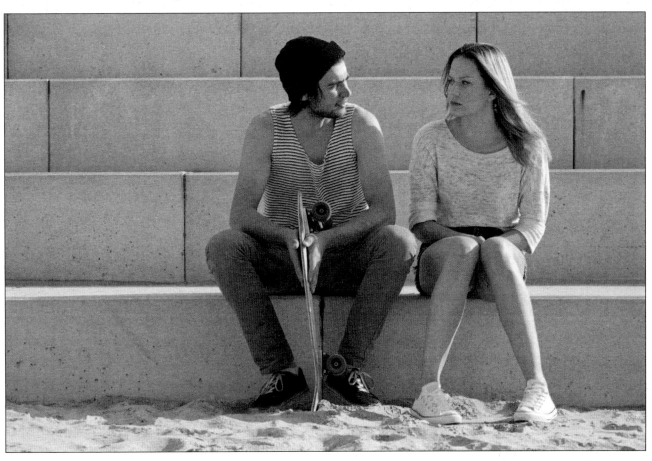

• Bien qu'il soit difficile de trouver un emploi dans leur petite ville, certains de ces jeunes ne veulent pas la quitter pour aller travailler ailleurs. Au contraire, d'autres sont prêts à partir.

• Les problèmes à résoudre pour ceux qui veulent rester sont nombreux :

– le chômage et la précarité des emplois saisonniers liés au tourisme,

– l'importance des relations personnelles dans les opportunités professionnelles,

– le manque d'équipements sportifs et la rareté des événements culturels,

– la desserte insuffisante de la ville par les transports régionaux, etc.

• Faites deux groupes : ceux qui souhaitent partir et ceux qui veulent rester.

• Réfléchissez aux raisons qui vous ont amené à faire ce choix et aux concessions que vous devrez faire.

• Notez vos idées.

....

....

....

....

....

....

....

....

• Jouez la scène.

//

10. Informez-vous et informez-nous.

• Lisez le texte.

Qui veut travailler le dimanche ?

D'origine religieuse, le repos dominical est aujourd'hui une obligation de la législation du travail. Il y a bien sûr des dérogations pour certains secteurs professionnels comme les restaurants, les hôpitaux, les transports… qui ne peuvent pas cesser leur activité ce jour-là. Ces établissements sont autorisés à donner par roulement, à leurs employés, le dimanche comme jour de congé. Mais la grande question qui oppose les Français est celle de l'ouverture le dimanche des magasins de grandes surfaces. Les uns sont contre et souhaitent conserver au dimanche sa fonction traditionnelle de jour de repos. Partisans d'une journée hebdomadaire sans achats, ils pensent que notre société de consommation a bien besoin de cette pause pour retrouver ses valeurs. De plus, ce jour de repos commun à tous est généralement synonyme de réunions de famille, de repas pris en commun et de loisirs partagés. Les autres au contraire estiment que la fermeture des magasins le dimanche est pénalisante pour tout le monde. Pour le consommateur qui aimerait disposer de plus de temps pour faire ses achats tranquillement, mais aussi pour l'emploi et pour l'économie. Les travailleurs du dimanche ne sont pas lésés puisqu'en contrepartie de leur travail ce jour-là, ils obtiennent des heures de repos supplémentaires ou une majoration importante de leur salaire.

Depuis 2014, les magasins de bricolage ont le droit d'ouvrir le dimanche. En ce qui concerne les grandes surfaces, le sujet est en discussion. Actuellement autorisées à ouvrir 5 dimanches par an, elles pourraient obtenir le droit d'ouvrir 12 dimanches dans les zones touristiques. Mais certains supermarchés n'hésitent pas à ouvrir quelques dimanches de plus. Malgré l'amende que doivent payer les contrevenants à la loi, ouvrir le dimanche est généralement une très bonne affaire commerciale.

• Discutez avec les autres apprenants pour contrôler votre compréhension du texte.

• Comme dans le document, présentez la situation dans votre pays.

11. Discutez.

• Répondez aux questions pour préparer la discussion.

1. En quoi la fermeture des magasins le dimanche est-elle pénalisante pour l'emploi et l'économie ?

....

2. Qui pourrait profiter de ces emplois ?

....

3. Dans quelle mesure la vie de famille est-elle préservée par le fait que le dimanche est un jour de repos commun à tous ?

....

4. Est-ce à l'État de décider des jours et des heures d'ouverture des magasins ? Expliquez votre réponse.

....

5. Y a-t-il un jour de la semaine que vous préférez ou au contraire que vous n'aimez pas beaucoup ? Lequel ? Pourquoi ?

....

• Donnez votre opinion sur chacune des questions et discutez avec les autres apprenants.

L'art de négocier

• Engager des négociations (commencer à négocier, échanger ses idées pour rechercher un accord).
• Se concerter (prendre l'avis de chacun pour adopter une position commune).
• S'entendre pour faire qqch. = se mettre d'accord pour faire qqch.
• Faire des concessions = céder du terrain = mettre de l'eau dans son vin.
• Concéder = admettre, reconnaître. Il concède que vous aviez raison.
• Couper la poire en deux (trouver une solution intermédiaire qui convienne aux deux parties).
• S'entendre à l'amiable, trouver un arrangement (trouver une solution informelle).
• Prendre une décision d'un commun accord (décider ensemble).

//

12. Entraînez-vous pour le Delf B2.

• Par deux, cherchez une problématique en relation avec le texte précédent.
• Mettez en commun toutes les problématiques proposées et choisissez celles qui vous intéressent le plus.
• Prenez position et choisissez un partenaire qui s'intéresse à la même problématique que vous et qui est du même avis que vous.
• Préparez vos arguments pour défendre votre point de vue. Pensez à trouver des exemples pour illustrer vos idées.
• Présentez votre argumentation aux autres groupes. Pensez à structurer votre discours.

//

13. Choisissez votre rôle et jouez la scène.

• Les employés du supermarché de Villeneuve ne veulent pas travailler le dimanche !
• Faites deux groupes et préparez les négociations.

Les membres du comité directeur :

– Ils doivent se concerter pour trouver des propositions capables de convaincre le personnel du magasin de travailler le dimanche.
– Ils doivent expliquer pourquoi l'ouverture le dimanche est nécessaire pour le magasin.
– Ils doivent tenir compte des demandes du personnel et faire des concessions pour obtenir satisfaction.

Les employés :

– Ils doivent expliquer pourquoi ils ne souhaitent pas travailler le dimanche. Chacun doit présenter son cas personnel.
– Ils doivent écouter et juger les propositions faites par la direction.
– Ils doivent faire des concessions pour la bonne marche de l'entreprise.
• Quand les deux groupes ont préparé leurs arguments, engagez les négociations.
• Vous devez, à la fin de la discussion, vous entendre sur une position commune.

DONNER DES CONSEILS

1. Imiter

OBJECTIF FONCTIONNEL : Donner des conseils et les justifier.
OUTILS : Quelques marqueurs de cause – Le langage du corps.

// **PISTE 35** 〉

1. Répondez.

• Quel est le point commun de tous ces dialogues?

• Notez les expressions qui expriment ce point commun.

....

....

....

....

2. Imaginez les situations.

• Pour chaque mini-dialogue, imaginez la situation et qui parle.

• Discutez avec les autres apprenants pour vous mettre d'accord.

3. Complétez les dialogues et jouez les scènes.

• Avec votre partenaire, imaginez un début et une suite à ces dialogues.

....

....

....

....

....

....

• Jouez les scènes. N'oubliez pas d'utiliser les éléments de l'écoute.

OUTILS

Donner des conseils.

• Tu devrais/Vous devriez...
Tu pourrais/Vous pourriez...
Tu ferais bien (mieux) de/Vous feriez bien de...
Je te conseille (déconseille) de/Je vous conseille de...
Tâche de/Tâchez de... Essaie de/Essayez de...
• Tu n'as qu'à/Vous n'avez qu'à...

} + infinitif ⟹ *Tu devrais partir.*

• À ta place/À votre place...
Si j'étais toi/Si j'étais vous...

} + conditionnel ⟹ *À ta place, je partirais.*

• Il faudrait que tu/Il faudrait que vous...
Il vaudrait mieux que tu/Il vaudrait mieux que vous...
Ce serait bien que tu/Ce serait bien que vous...

} + subjonctif ⟹ *Il faudrait que tu partes.*

//

4. Répondez du tac au tac.

Vous avez un projet pour lequel vous souhaitez demander conseil à vos amis (trouver un petit travail pour les vacances, choisir une tenue vestimentaire pour un mariage, trouver une destination sympathique pour les vacances, changer votre vieille voiture, etc...). Vous demandez conseil à vos amis qui doivent vous répondre le plus rapidement possible en utilisant dans chacune de leurs réponses un des outils proposés à la page précédente. Quand ils n'ont plus d'idée, l'un d'eux prend votre place et demande à son tour des conseils.

Exemple :

Vous : J'aimerais bien gagner un peu d'argent cet été mais je ne sais pas quoi faire.

*Votre ami : **Tu pourrais** vendre des beignets sur la plage, c'est sympa !*

//

5. Choisissez votre rôle et jouez la scène.

Chère Dominique,

Je n'ai jamais fait appel à un magazine pour résoudre mes problèmes personnels, mais je me sens aujourd'hui tellement désemparée que je ne vois aucun moyen pour m'en sortir.

Nous avons, mon mari et moi, un fils de quinze ans qui nous rend la vie impossible.

Il ne va au collège que quand il en a envie, il sort toute la nuit avec ses copains qui, pour la plupart, sont plus âgés que lui et il ne supporte plus la moindre de nos remarques. Pour être tout à fait honnête, je dois même avouer qu'il nous terrorise car il est devenu violent. La semaine dernière, il a frappé son père qui tentait de l'empêcher de sortir. Moi, il ne me parle que pour me donner des ordres ou me demander de l'argent.

Jamais je n'aurais pu imaginer quand il était enfant qu'il puisse devenir un tel monstre. Notre vie est devenue un enfer Nous avons probablement fait des erreurs mais j'espère qu'il n'est pas trop tard pour les réparer.

Que devons-nous faire pour retrouver l'enfant que nous avons perdu ? J'attends vos conseils avec impatience.

Rosa

Chère Dominique,

Je suis tellement contente de vos conseils que je fais appel à vous une fois de plus. Voilà, j'ai quarante ans, je suis divorcée et j'ai une petite fille de 12 ans. Elle est charmante et je l'adore. Il y a six mois, j'ai rencontré un homme dont je suis tombée éperdument amoureuse. Nous nous entendons très bien et nous envisageons de vivre ensemble. Jamais auparavant, je n'avais rencontré quelqu'un qui me convienne aussi bien.

Malheureusement, il y a une ombre au tableau. Cet homme, que j'adore, refuse de vivre à plein temps avec ma fille. Il voudrait que je partage la garde de ma fille avec mon ex-mari pour que nous puissions vivre seuls à mi-temps. Je sais que ma fille ne souhaite pas habiter avec son père et je ne sais pas comment le lui imposer.

Que feriez-vous si vous étiez à ma place ? Je ne veux pas renoncer à cet homme mais je ne veux pas non plus que ma petite fille soit malheureuse.

Merci d'avance pour vos conseils,

Hélène

- Lisez ces deux lettres et choisissez celle qui sera la vôtre.
- Préparez des conseils pour l'auteur de l'autre lettre.

....
....
....
....
....
....
....
....

- Jouez les deux scènes entre Dominique et Rosa puis entre Dominique et Hélène.
- Vous jouerez chacun à votre tour le rôle de Dominique.

// Piste 36 ❯

6. Informez-vous et jouez la scène.

• De quoi ces deux personnes parlent-elles ?

• Notez les mots ou groupes de mots qui introduisent une cause.

....

....

• Discutez avec les autres apprenants pour contrôler ou compléter vos informations.

• Jouez la scène.

Une femme : Salut Quentin, ça va ?

Un homme : Pas mal et toi ?

Introduire une cause.

• **Comme** (introduit une cause logique toujours placée avant la conséquence)

• **Vu/étant donné/compte tenu de** + nom

• **Faute de** + nom (exprime un manque)

• **À force de** + infinitif (exprime un excès)

• **Pour** + infinitif passé

• **D'autant plus que** (encore plus/parce que)

• **Sous prétexte que** (introduit une cause contestable)

– Comme il fait beau, on va aller se promener.

– Vu ton état, tu devrais aller voir un médecin.

– Faute d'argent, il ne peut pas partir en vacances.

– À force de travailler, tu vas tomber malade.

– Il a été condamné pour avoir volé une voiture.

– Il est satisfait, d'autant plus que son patron lui a fait des compliments.

– Il est parti sous prétexte que personne ne lui parlait.

OUTILS

//

7. Choisissez votre rôle et jouez la scène.

• Vous avez un problème et vous souhaitez demander conseil à un ami.

• Choisissez une idée dans la liste proposée ou imaginez-en une autre.

> Mes parents veulent que je trouve un travail.
> Ma femme ne veut plus faire la cuisine.
> Mes enfants regardent la télévision tout le week-end.
> Mon chien mord tous mes visiteurs.
> J'ai perdu toutes mes économies au casino
> J'ai un complexe de supériorité.
> Ma grand-mère organise toute ma vie.

• Analysez les causes de votre problème.

• Notez vos idées.

....

....

• Présentez votre problème à votre ami et demandez-lui des conseils.

• Inversez les rôles et jouez le rôle de conseiller.

///

8. Imaginez et discutez.

• Comment en sont-ils arrivés là ?

• Par groupes de deux ou trois apprenants, imaginez les causes de cette dispute et pourquoi leur relation en général s'est à ce point dégradée.

• Notez vos idées.

....
....
....
....
....

• Présentez vos hypothèses aux autres groupes, discutez-en et choisissez les meilleures explications.

9. Choisissez votre rôle et jouez la scène.

• Fatigués de passer leur temps à se disputer, l'homme et la femme décident d'aller consulter un conseiller conjugal.

• Par groupes de deux ou trois (le conseiller conjugal et l'un des membres du couple ou le conseiller conjugal et le couple), imaginez la consultation.

• Préparez vos idées.

....
....
....
....
....

• Jouez la scène.

//

10. Informez-vous et informez-nous.

• Lisez le texte.

Les Français ont grandi et grossi

Une campagne de mensurations faite en 2006 sur 11 562 Français, adultes et enfants, nous donne une image précise de nos contemporains. Toutes ces personnes ont été pesées et mesurées de la tête aux pieds à l'aide d'un rayon optique qui a pris de chacun des images en trois dimensions. Les mains, les pieds, le cou, la tête, rien n'a échappé aux mesures. Les personnes constituant l'échantillon ont également été questionnées sur leur âge, leur catégorie socioprofessionnelle, leurs habitudes de consommation, etc.

Cette campagne avait pour but de mieux connaître les Français afin d'ajuster les tailles et les formes des vêtements et des chaussures à leur morphologie actuelle. Elle devrait permettre d'offrir des vêtements à la mode plus confortables et plus élégants, car mieux adaptés aux nouvelles proportions des corps.

Résultat : la Française moyenne mesure 162,5 cm et pèse 62,4 kg. En général, les femmes sont plus grandes dans le nord-est et plus fortes dans le sud-est. En trente ans, elles ont grandi de 2 cm et grossi de 1,8 kg. Va-t-il falloir modifier les tailles des vêtements pour ne pas les démoraliser ? Dans cette optique, on envisage d'attribuer la taille 38 à un vêtement qui fait actuellement une taille 40.

De son côté, l'homme moyen mesure 175,6 cm et pèse 77,4 kg. Comme pour les femmes, les hommes sont plus grands dans le nord-est du pays. En un siècle, les femmes ont pris 8 cm et les hommes 11 cm. Les médecins vont également utiliser ces mesures pour étudier les conséquences de nos changements physiques sur notre santé. Première constatation : 26 % de la population adulte est en surpoids, un tiers des hommes et un quart des femmes. Bien qu'ils soient plus sportifs que les femmes, les hommes sont généralement plus gros, et les catégories sociales les plus aisées sont moins sujettes à l'obésité que les catégories plus défavorisées.

• Discutez avec les autres apprenants pour contrôler votre compréhension du texte.

• Savez-vous si une enquête de ce type a été faite récemment dans votre pays ?

• Quelles sont, d'après vous, les mensurations moyennes de vos compatriotes ?

11. Discutez.

• Répondez aux questions pour préparer la discussion.

1. Selon vous, pourquoi la population a-t-elle tellement grandi en un siècle ?

....

2. L'obésité est-elle un problème de santé dans votre pays ?

....

3. Quelles en sont les causes ? Comment lutter contre ?

....

4. Les personnes obèses sont-elles sujettes à des discriminations dans votre pays ? Dans quelles situations ? Qu'en pensez-vous ?

....

5. En dehors des vêtements, quels autres produits de consommation pourraient être modifiés suite aux changements physiques des Français ?

....

• Donnez votre opinion sur chacune des questions et discutez avec les autres apprenants.

OUTILS

Le langage du corps

- Bien se tenir (physiquement ou dans sa manière d'agir).
- Avoir de la tenue = avoir une bonne présentation.
- Avoir de la classe, avoir du style, avoir de l'allure, être distingué (avoir une apparence naturellement élégante).
- Le maintien, l'attitude (physique) = la manière de se tenir. Avoir une attitude décontractée, stricte, naturelle...
- L'attitude (psychologique). Avoir une attitude positive, négative, constructive...
- Le comportement = la manière d'agir. – Bien se comporter, bien se conduire.
- Avoir de bonnes, de mauvaises manières.

//

12. Entraînez-vous pour le Delf B2.

- Par deux, cherchez une problématique en relation avec le texte précédent.
- Mettez en commun toutes les problématiques proposées et choisissez celles qui vous intéressent le plus.
- Prenez position et choisissez un partenaire qui s'intéresse à la même problématique que vous et qui est du même avis que vous.
- Préparez vos arguments pour défendre votre point de vue. Pensez à trouver des exemples pour illustrer vos idées.
- Présentez votre argumentation aux autres groupes. Pensez à structurer votre discours.

//

13. Imaginez et discutez.

- Si vous aviez le choix, qu'aimeriez-vous faire dans la vie ?
- Choisissez l'une des professions proposées.

Président de la république

Actrice dramatique

Chanteur de rap

Championne de tennis

Présentateur de télévision

Professeur d'université

- Pour atteindre votre objectif, vous allez devoir faire des efforts pour vous conformer à l'image physique et psychologique correspondant à votre future activité.
- Demandez conseil aux autres apprenants.
- Donnez des conseils aux autres pour les aider à s'identifier au personnage qu'ils veulent devenir. Justifiez vos conseils.

LEÇON 3

PRÉCISER L'INFORMATION
1. Imiter

OBJECTIFS FONCTIONNELS : Parler de ressemblances – Donner des informations complémentaires.
OUTILS : Les pronoms relatifs composés – L'art de la discussion.

// PISTE 37 ▶

1. Répondez.

• Quel est le point commun de tous ces dialogues ?
• Notez les constructions qui permettent d'exprimer ce point commun.

....
....
....
....

2. Imaginez les situations.

• Pour chaque mini-dialogue, imaginez la situation et qui parle.
• Discutez avec les autres apprenants pour vous mettre d'accord.

3. Complétez les dialogues et jouez les scènes.

• Avec votre partenaire, imaginez un début et une suite à ces dialogues.

....
....
....
....
....
....

• Jouez les scènes. N'oubliez pas d'utiliser les éléments de l'écoute.

OUTILS

Parler de ressemblances.
• **Le même/la même/les mêmes** +nom ⇒ Ils ont le même nez, la même bouche, les mêmes yeux.
• **Les mêmes** ⇒ Il a deux livres identiques, ce sont les mêmes.
• **Se ressembler** ⇒ Patrick et son père se ressemblent
• **Ressembler à qqn./à qqch.** ⇒ Patrick ressemble à son père.
• ***On dirait** ⇒ On dirait mon frère. On dirait qu'il veut nous parler.
• **Prendre qqn./qqch. pour...** ⇒ C'est ta mère ? Je l'ai prise pour ta sœur !
• **Être pareil, être semblable** ⇒ Ces deux robes sont pareilles. Ma robe est pareille à la tienne.
• **Comme** ⇒ Tu es comme moi/comme un enfant. C'est comme avant, comme toujours.
• **Comme si** + phrase ⇒ Il est parti comme si on l'avait chassé.
• **Comme avec, comme quand, comme le jour où...** ⇒ Ça s'est passé comme avec un ami, comme quand on avait mangé au restaurant, comme le jour où on t'avait téléphoné...
• **C'est la même chose = c'est du pareil au même =** Il n'y a pas de différence.

///

4. Répondez du tac au tac.

Vous venez de faire un voyage dans un pays lointain (réel ou imaginaire) et vos amis vous posent de nombreuses questions sur ce pays. Ils doivent utiliser les outils proposés à la page précédente dans leurs questions. Répondez le plus vite possible en utilisant aussi les outils. Quand ils n'ont plus de questions, changez de rôle.

Exemple :

*Votre ami : Est-ce que les Martiens **nous ressemblent** ?*

*Vous : Oui, ils ont des yeux et des oreilles **comme nous**.*

///

5. Discutez.

• Vivez-vous aujourd'hui comme vous viviez il y a dix ans ?

• Avez-vous les mêmes amis ? En avez-vous d'autres ? Ressemblent-ils à ceux d'avant ? Faites-vous du sport comme quand vous étiez plus jeune ?

• Complétez le tableau avec vos informations personnelles.

	Il y a dix ans	Maintenant
Votre habitation		
Votre famille		
Vos loisirs		
Vos amis		
Votre travail		
Vos projets		

• Sous forme de conversation, comparez votre vie actuelle à votre vie passée. Mettez en évidence les ressemblances et les différences entre les deux.

• Posez des questions à votre partenaire. Répondez aux siennes.

// PISTE 38

6. Informez-vous et jouez la scène.

• Qui sont les deux personnes qui parlent ? Que font-elles ?

• Notez les pronoms relatifs utilisés dans le dialogue.

....

....

....

• Discutez avec les autres apprenants pour contrôler ou compléter vos informations.

• Jouez la scène.

Une femme : On joue aux devinettes ?

Un enfant : D'accord, mais c'est difficile ! Choisis quelque chose...

OUTILS

Les pronoms relatifs composés

• Ils sont composés d'une préposition + **lequel/laquelle/lesquels/lesquelles**.

• Attention aux contractions avec « à » et « de » :

~~à lequel~~ ⟹ auquel – ~~à lesquels~~ ⟹ auxquels – ~~à lesquelles~~ ⟹ auxquelles

~~de lequel~~ ⟹ duquel – ~~de lesquels~~ ⟹ desquels – ~~de lesquelles~~ ⟹ desquelles

Il a visité un château *auquel* il s'intéresse, *dans lequel* il y a de magnifiques meubles anciens, *près duquel* il y a un lac, *pour lequel* il donnerait sa fortune, etc.

• Pour les personnes, on peut remplacer *lequel/laquelle/lesquels/lesquelles* par «qui ».

Elle a un ami/une amie/des amis/des amies en qui elle a confiance, avec qui elle sort beaucoup, près de qui elle se sent bien, à qui elle raconte sa vie, etc.

//

7. Devinez.

• En groupe, imaginez des propositions subordonnées relatives qui peuvent s'appliquer
à cet objet : « C'est un objet avec lequel..., sur lequel..., dans lequel..., grâce auquel... », etc.

• Une proposition par apprenant. Celui qui n'en trouve plus est éliminé. Continuez
jusqu'à ce qu'il ne reste que le gagnant.

• Choisissez un autre objet et recommencez le jeu.

• Par deux, choisissez un objet et préparez une devinette.

....

....

• Essayez de la faire deviner aux autres apprenants.

• Par deux, choisissez une personne célèbre et préparez une devinette.

....

....

• Essayez de la faire deviner aux autres apprenants.

8. Imaginez et jouez la scène.

• Ces objets sont invendables car usagés, inutiles, inintéressants ou trop insolites ! De bons vendeurs peuvent vous prouver le contraire.

• Choisissez l'objet que vous allez tenter de vendre. Imaginez son histoire, son utilité et ce que leurs futurs propriétaires pourront en faire.

• Préparez vos idées.

....

....

....

....

• Présentez l'objet que vous avez choisi aux autres apprenants et essayez de le leur vendre.

• Répondez à leurs questions en essayant de les convaincre que cet achat est une excellente affaire pour eux.
  Négociez le prix.

//

9. Informez-vous et informez-nous.

• Lisez le texte.

Vous avez dit *râleur ?

Né en 1959 de la collaboration entre le scénariste René Goscinny et le dessinateur Albert Uderzo, le héros de bande dessinée Astérix est très vite devenu la coqueluche des Français. Nerveux et facilement irritable, le petit Gaulois moustachu au coeur tendre est toujours prêt à se battre en compagnie de son ami Obélix pour défendre son village contre l'envahisseur romain. Souvent considéré comme une caricature du Français moyen, Astérix a fait le tour du monde et véhicule cette image du Français bon vivant, sympathique mais belliqueux. Stéréotype ou réalité ?

Si les Français ont la réputation d'être râleurs, il doit bien y avoir des raisons. *Râler, *rouspéter, *rouscailler, le vocabulaire ne manque pas pour illustrer la colère qui les anime lorsque quelque chose leur déplaît. Les occasions de se révolter, se rebeller, s'insurger ou protester ne manquent pas. Depuis la révolution de 1789 qui commença par une insurrection parisienne, les Français ont eu d'autres occasions de descendre dans la rue pour exprimer leur mécontentement. La révolution de 1830, celle de 1848, et plus récemment les mouvements de contestation de mai 1968 ont vu dans les rues des foules en colère. En marge de ces grands mouvements historiques, les Français n'hésitent pas à manifester leur désaccord avec le gouvernement. Les sujets les plus explosifs sont les projets de loi visant à réformer l'éducation ou le système de protection sociale. Quel que soit le projet, il se trouve toujours un groupe de population prêt à aller manifester son désaccord en défilant dans les rues. En toutes circonstances, même s'il ne l'avoue pas, le gouvernement doit composer avec « la rue ».

Les Français seraient-ils réfractaires au changement ? Peut-être pas, mais comme Astérix, ils font de la résistance.

• Discutez avec les autres apprenants pour contrôler votre compréhension du texte.

• Présentez les principaux traits de caractère attribués généralement à vos compatriotes.

• Y a t-il dans votre pays un personnage réel ou de fiction qui représente ce stéréotype ?

//

10. Discutez.

• Répondez aux questions pour préparer la discussion.

1. Connaissez-vous d'autres stéréotypes pour d'autres nationalités ? Présentez-les.

....

2. Pensez-vous qu'il y ait réellement des traits de caractère communs aux gens d'une même nationalité ? Pourquoi ? Donnez des exemples.

....

3. Pensez-vous que ces stéréotypes peuvent quelquefois nuire aux gens ? Donnez des exemples.

....

4. D'après ce que vous savez des Français, êtes-vous d'accord avec le texte ? Pourquoi ?

....

5. Quels autres traits de caractères attribueriez-vous aux Français ? Faites un portrait complet.

....

• Donnez votre opinion sur chacune des questions et discutez avec les autres apprenants.

L'art de la discussion

• Pour faire des choix, il est utile de peser le pour et le contre, de comparer les avantages et les inconvénients de chaque chose.

• Pour convaincre, il faut mettre en évidence les points positifs, les points forts, souligner les points faibles.

• Il faut mettre en avant les atouts d'une personne ou d'un projet (les points forts).

• Dans la conversation, on peut être pondéré, modéré ≠ excessif, caricatural, extrémiste.

OUTILS

///

11. Entraînez-vous pour le Delf B2.

• Par deux, cherchez une problématique en relation avec le texte précédent.

• Mettez en commun toutes les problématiques proposées et choisissez celles qui vous intéressent le plus.

• Prenez position et choisissez un partenaire qui s'intéresse à la même problématique que vous et qui est du même avis que vous.

• Préparez vos arguments pour défendre votre point de vue. Pensez à trouver des exemples pour illustrer vos idées.

• Présentez votre argumentation aux autres groupes. Pensez à structurer votre discours.

///

12. Faites des propositions.

• Dans l'esprit de l'histoire, complétez les attentes de cette femme par rapport à l'homme de sa vie.

• Pensez-vous que cette femme représente la Française moyenne ? Pourquoi ?

• Quels seraient selon vous les critères de choix d'une Française moyenne ?

• Imaginez qu'il s'agisse d'un homme. Quels pourraient être ses critères de choix ?

> Je cherche désepérément un homme avec lequel je puisse fonder un foyer.

> Un homme pour qui je puisse apprendre à faire la cuisine.

13. Discutez.

• L'idée du couple est-elle la même dans toutes les parties du monde ?

• Donnez des exemples. Comparez les avantages et les inconvénients de chacun de ces modèles.

• Avez-vous le sentiment que l'image du couple la plus répandue dans votre pays est celle qui vous convient le mieux ?

• Que pensez-vous des différents types de mariages ? Mariage d'amour, mariage de raison, mariage arrangé par les familles ?

• Le couple européen aboutit souvent au divorce. Quel équilibre entre l'homme et la femme vous paraît le meilleur pour réussir une relation durable ?

• Expliquez votre réponse.

• Discutez avec les autres apprenants.

> Un homme auquel je pourrais donner beaucoup d'enfants.

> Mais les Français préfèrent que leur femme travaille !

Bilan

//

Donnez la réplique ou complétez le récit.

Attention, vous ne devez pas utiliser deux fois la même réponse.

– « D'accord, mon frère est grand, alors que le tien est petit. Mais tu vois d'autres choses qui les opposent ? »

1. « .... »

2. « .... »

3. « .... »

4. « .... »

« Non ! Il t'a menti et tu continues à l'écouter quand même ! »

5. « Oui, ... »

6. « Oui, ... »

7. « Oui, ... »

8. « Oui, ... »

9. 10. 11. – « Bien, puisque nous ne sommes pas d'accord sur ce projet et que nous devons travailler ensemble, il va falloir faire .... Je sais que tu .... mieux avec Patrice qu'avec moi, mais on va se .... et on va bien trouver une solution. »

12. 13. « Nous ne souhaitons pas .... des négociations officielles. Ne pourrait-on pas .... ? »

« Je voudrais bien inviter Fanny au restaurant, mais je ne sais pas comment lui en parler. Tu as une idée ? »

14. « .... »

15. « .... »

16. « .... »

« Je ne sais pas si je dois y aller en train ou en avion. Qu'est-ce que tu en penses ? »

17. « .... »

18. « .... »

19. « .... »

20. 21. 22. « Écoute un peu ! .... l'heure, on n'a plus le temps d'aller faire les courses. Alors, ... on a très faim, on va aller dîner au restaurant. Bonne idée non ? »

« Encore ! .... de dîner au restaurant, ça ne me fait même plus plaisir ! »

« Tu sais pourquoi Laura est absente ? Je suis sûre qu'elle n'a aucune excuse. »

23. « Tu as raison, elle .... »

« Non vraiment, elle exagère ! »

24. « Oui, ... »

« Tu sais pourquoi Jérôme a été licencié par son entreprise ? Qu'est-ce qu'il a fait ? »

25. « Oui, ... »

« Regarde cette femme, elle a de l'allure, tu ne trouves pas ? »

26. « Si, ... »

« Tu vois, je trouve que ce qu'a fait Loïc, ce n'est vraiment pas bien. »

27. « Oui, je suis d'accord,

.... »

« Il n'est jamais content ! Rien ne lui plaît ! Il voit tout en noir ! Tu n'es pas d'accord ? »

28. « Si, ... »

Regarde ces deux filles, je suis sûr qu'elles sont jumelles ! Tu as vu leurs visages,

29. 30. 31. « Oui, elles ont ...., ..., ... »

« Tu as vu ce garçon ? Il ressemble à Vincent Cassel ! »

32. « Oui alors, tu as raison, on .... »

« Comment ça s'est passé ? Tu es encore allé chez le *psy ? »

33. « ...., c'est toujours la même chose. »

« Tu as vu, c'est Florence. J'ai cru que c'était sa sœur ! »

34. « Oui, moi aussi, je .... »

« Je n'ai jamais vu ce *truc là ! Tu m'expliques comment ça marche ? »

35. 36. 37. 38. « C'est un *truc .... »

« ....,»

« .... »

« Avant de prendre ta décision, réfléchis bien ! Il y a des avantages et des inconvénients dans tous les cas. »

39. « Oui, je .... »

40. « Oui, je connais mes .... »

Comptez vos points (1 point par réponse correcte)

→ **Vous avez plus de 30 points :** BRAVO ! C'est très bien.
→ **Vous avez plus de 20 points :** C'est bien, mais regardez vos erreurs, cherchez les réponses possibles dans les leçons et refaites le test.
→ **Vous avez moins de 20 points :** Vous n'avez pas bien mémorisé cette unité, reprenez-la, puis recommencez l'auto-évaluation. Bon courage !

TRANSCRIPTION DES ENREGISTREMENTS

UNITÉ 1

LEÇON 1

PAGE 8 ///////////////////////// PISTE 1

Une femme : – Où tu étais dimanche dernier ?

Un homme : – À Grenoble, chez ma sœur.

Une femme : – Et la veille au soir ?

Un homme : – À Lyon, chez ma tante. Et qu'est-ce que tu veux savoir encore ? Où j'étais l'avant-veille et trois jours avant et la semaine précédente ?

Une femme : – Oh, ça va, ne te fâche pas comme ça !

———————

Un homme : – Récapitulons. Tout a commencé lundi.

Une femme : – C'est ça.

Un homme : – Ce jour-là, vous avez reçu trois coups de fil dans la soirée. Vous avez décroché, mais personne n'a parlé.

Une femme : – Exact.

Un homme : – Le lendemain matin, vous avez trouvé cette lettre anonyme glissée sous votre porte.

Une femme : – Oui.

Un homme : – Et le surlendemain vous avez reçu ce colis par la poste ?

Une femme : – Tout à fait.

———————

Une femme âgée : – Oui, c'était en 1972. Cette année-là, je me suis mariée avec François. On s'était rencontrés l'année d'avant et, l'année d'après, on a eu deux enfants, des jumeaux.

Une jeune femme : – Tu étais contente ?

Une femme âgée : – Bien sûr ! Et trois ans après, ta mère est née.

Une jeune femme : – Tu avais quel âge ?

PAGE 9 ///////////////////////// PISTE 2

Patrick : – Tu as écouté les informations ?

Sophie : – Non, pourquoi ?

Patrick : – Tu sais, l'homme qui a mis le feu à l'immeuble de la rue du Parc...

Sophie : – Oui, et alors ?

Patrick : – La police l'a retrouvé. C'est un pompier !

Sophie : – Non !

Patrick : – Si. Et tu te souviens de l'incendie à l'usine de chaussures, le mois dernier ?

Sophie : – Oui, je m'en souviens, il n'y avait pratiquement pas eu de dégâts ?

Patrick : – Non. Les pompiers étaient arrivés très vite sur les lieux. Eh bien, c'était lui aussi.

Sophie : – Mais... les policiers n'avaient pas fait d'enquête ?

Patrick : – Si, bien sûr; mais ils n'avaient rien trouvé. Le pompier pyromane s'était même présenté au commissariat pour faire une déclaration.

Sophie : – Ah bon !

Patrick : – Oui. Il avait vu un homme suspect ce jour-là dans le quartier. Il habite à côté de l'usine.

Sophie : – Et les policiers n'avaient pas trouvé ça bizarre ?

Patrick : – Ben non.

Sophie : – C'est incroyable, cette histoire.

LEÇON 2

PAGE 14 ///////////////////////// PISTE 3

Un homme : – Vous avez regardé l'interview du Président à la télé hier soir ?

Une femme : – Non, mais j'en ai entendu parler.

Un homme : – C'est incroyable, ce qui s'est passé !

———————

Un homme A : – Comment tu sais ça toi ?

Un homme B : – Le bouche à oreille, mon vieux ! C'est encore le meilleur moyen de faire passer l'information.

Un homme A :	– Ah, ben ça alors, moi qui croyais te faire une surprise !

Une femme :	– Alors, il paraît que tu as gagné ?
Un homme :	– Qui t'a dit ça ?
Une femme :	– Personne. Mais je le sais.
Un homme :	– Méfie-toi des on-dit, ce n'est pas toujours la vérité.

Une femme A :	– J'ai entendu dire qu'on allait avoir une augmentation.
Une femme B :	– Ça, ça m'étonnerait. Vous connaissez le patron.
Une femme A :	– Oui, mais on dit qu'en ce moment, il est de très bonne humeur.
Une femme B :	– Ah bon, qu'est-ce qui se passe ?

PAGE 15 ///////////////////////// PISTE 4

Karen :	– Alors Mathias, il paraît que tu quittes la *boîte ?
Mathias :	– Ça, c'est Géraldine qui te l'a dit.
Karen :	– Pas du tout, c'est la secrétaire. Elle m'a dit que tu avais réussi le concours de bibliothécaire.
Mathias :	– Oui, c'est vrai. Je suis vraiment content. Je vais aller habiter à Lyon.
Karen :	– Ah bon, on m'a dit que tu allais travailler à Marseille ?
Mathias :	– Non, j'ai choisi Lyon finalement. J'ai des amis là-bas. Et toi, j'ai entendu dire que tu partais aussi ?
Karen :	– Oui, peut-être. Enfin, ce n'est pas sûr encore. Tu sais que ma sœur habite à Lille ?
Mathias :	– Oui.
Karen :	– Elle s'ennuie toute seule là-bas. Elle m'a assurée que je trouverais du travail sans problème. J'hésite.
Mathias :	– N'hésite pas, c'est une ville très *sympa.
Karen :	– Oui, on m'a dit que c'était *super et que je gagnerais mieux ma vie qu'ici.
Mathias :	– Ça c'est sûr, il faut choisir, le soleil ou l'argent !

PAGE 17 ///////////////////////// PISTE 5

Un homme :	– Tu as vu Lucie dernièrement ?
Une femme :	– Lucie ? Non, mais j'ai entendu dire qu'elle allait retourner à Bordeaux, dans sa famille.
Un homme :	– Ah bon, pourquoi ?
Une femme :	– Je ne sais pas mais... ses parents auraient des problèmes.
Un homme :	– Des problèmes ?
Une femme :	– On dit que son père mènerait une double vie.
Un homme :	– Comment ça, une double vie ?
Une femme :	– Ben... il aurait une autre femme dans sa vie. Et en plus, il aurait une autre fille, du même âge que Lucie.
Un homme :	– Et il aurait réussi à cacher ça pendant plus de vingt ans ?
Une femme :	– Il paraît.
Un homme :	– Et Lucie, elle n'était pas au courant ?
Une femme :	– Je ne crois pas. Elle ne m'en a jamais parlé, en tout cas.
Un homme :	– Incroyable !
Une femme :	– Bon, tout ça, c'est les on-dit. Je ne l'ai pas vue depuis deux jours, je ne suis sûre de rien. S'il te plaît, ne va pas raconter ça à tout le monde !
Un homme :	– Tu me connais. Motus et bouche cousue !
Une femme :	– Oui, justement... je te connais !

LEÇON 3

PAGE 20 ///////////////////////// PISTE 6

Un homme âgé :	– Oui, autrefois c'était différent. Les gens se réunissaient, discutaient, jouaient aux cartes...
Une jeune fille :	– Tu comprends bien que ce n'est plus possible aujourd'hui ?
Un homme âgé :	– Oui, mais... je le regrette. Tu vois, quand j'étais jeune...

Une grand-mère :	– Et alors ?
Une jeune fille :	– Alors, son fils a claqué la porte et il a disparu. Il est rentré le soir et il est allé se coucher sans dire un mot.

Une grand-mère :	– Quand-même, de mon temps, les enfants étaient mieux élevés !
Une jeune fille :	– Eh oui Mamie ! Même moi, quand j'étais petite...

Un homme :	– Vous savez, dans le temps, cette usine employait 1 500 salariés. Quand elle a fermé en 1978, ça a été une catastrophe pour toute la région.
Une femme :	– Il n'y avait pas de plan social pour les ouvriers en ce temps-là ?
Un homme :	– Si, bien sûr, mais avant, ils n'étaient pas très efficaces.

Un homme âgé :	– Ah, dans ma jeunesse, j'étais sûr que je réussirais. J'ai tout fait pour ça, et ça a marché. Les jeunes d'aujourd'hui ne sont plus aussi volontaires.
Un jeune homme :	– Ce n'est pas le problème. À l'époque, c'était beaucoup plus facile. Il suffisait de vouloir !

Page 21 ///////////////////////// **Piste 7**

Un homme âgé 1 :	– Dans ma jeunesse, les jeunes marchaient à pied ou se déplaçaient en vélo. Maintenant, ils veulent tous une voiture. Bien sûr que la circulation est devenue impossible !
Une femme âgée 1 :	– Aujourd'hui, on voit des filles dans les rues à toute heure du jour et de la nuit. Moi, de mon temps, les filles ne sortaient pas le soir !
Une femme âgée 2 :	– Autrefois, on respectait les personnes âgées. De nos jours, c'est fini tout ça.
Un homme âgé 2 :	– Avant, les femmes s'occupaient de leurs enfants. À présent, elles ne pensent qu'à faire carrière !
Une femme âgée 3 :	– Peut-être, mais moi quand j'étais jeune, je travaillais tout le temps, même le week-end. Au moins, les gens d'aujourd'hui, ils ont du temps libre !

Page 22 ///////////////////////// **Piste 8**

(Gingle radio)

Présentateur :	– Professeur Lajaunie, vous venez de quitter votre poste aux hôpitaux de Paris. J'imagine qu'au cours de votre longue carrière, vous avez vu des changements importants dans la médecine.
Pr Lajaunie :	– Oui, bien sûr. Elle est beaucoup plus efficace qu'avant. Elle a énormément progressé en quelques décennies. La baisse de la mortalité infantile est particulièrement spectaculaire. La vaccination systématique a permis une amélioration considérable de la santé publique. Autrefois, on ne s'occupait de la maladie que lorsqu'elle était déclarée. À présent, grâce à la médecine préventive, on peut dans certains cas arrêter son évolution avant l'apparition des premiers symptômes. C'est un progrès extraordinaire. Et puis, la technique médicale s'est aussi beaucoup développée. De nos jours, la technologie moderne est devenue une aide indispensable à la médecine et à la chirurgie.
Présentateur :	– Votre bilan personnel est-il positif ?
Pr Lajaunie :	– Je pense avoir fait mon possible pour aider mes semblables. Bien sûr, on a toujours des regrets. Je voudrais avoir passé plus de temps avec les enfants, je regrette de ne pas être allé plus souvent en mission dans les pays défavorisés, je suis triste de ne pas avoir réussi tous mes combats contre la maladie, mais la vie est trop courte pour tout faire. À trente-cinq ans, je pensais avoir réalisé beaucoup de choses, aujourd'hui à soixante-cinq ans, je n'en suis plus aussi sûr.

UNITÉ 2

LEÇON 1

PAGE 28 ////////////////////// PISTE 9

Étranger 1 : – Moi, j'apprendrai le français jusqu'au mois de décembre.

Étranger 2 : – Moi, jusqu'à ce que je n'aie plus d'accent.

Étranger 3 : – Moi, jusqu'à ce que mon *prof me mette 20 sur 20.

Étranger 4 : – Moi, jusqu'à ce que je puisse parler couramment.

Étranger 5 : – Et moi, jusqu'à la fin de ma vie, je crois !

Parent 1 : – Moi, je pense que le plus important, c'est de bien s'occuper des enfants avant l'âge de six ans.

Parent 2 : – Oui. En tout cas, il faut être très attentif avant qu'ils soient adolescents.

Parent 3 : – Et avant que leurs copains ne prennent trop d'importance dans leur vie.

Parent 4 : – Aussi, les parents doivent bien écouter leurs enfants avant de prendre des décisions importantes pour eux.

Parent 5 : – Bien sûr, et ils doivent aussi bien réfléchir avant de leur donner des conseils.

Journaliste 1 : – Le Président s'est retiré dans sa résidence secondaire en attendant que le gouvernement prenne une décision au sujet de sa proposition de loi.

Journaliste 2 : – À mon avis, c'est plutôt en attendant la fin des émeutes.

Journaliste 3 : – Mais non, il s'est retiré en attendant que son Premier ministre démissionne.

Journaliste 4 : – Pas du tout, c'est en attendant l'avis de son conseiller personnel.

Journaliste 5 : – Mais non, il préfère ne rien dire en attendant de trouver une solution au problème !

PAGE 29 ////////////////////// PISTE 10

Une femme : – Quelle histoire !

Un homme : – De quoi tu parles ?

Une femme : – Tu n'as pas écouté les *infos ?

Un homme : – Non, qu'est-ce qui se passe ?

Une femme : – Un homme a passé tout le week-end bloqué dans un ascenseur. Quand il a quitté son bureau vendredi, un peu avant 20 heures, tout était éteint dans l'entreprise. Il a appelé l'ascenseur, il est monté dedans, il a appuyé sur le zéro et deux secondes après, l'ascenseur s'est bloqué. Il a actionné le signal d'alarme et, très calme, il s'est assis par terre en attendant que les secours arrivent. Une heure après, il en était toujours au même point. Alors, il a décidé de dormir là, jusqu'à ce que quelqu'un s'aperçoive de sa présence.

Un homme : – Il n'avait pas de téléphone portable ?

Une femme : – Non, il l'avait oublié sur son bureau.

Un homme : – Et il est resté là-dedans jusqu'à quand ?

Une femme : – Jusqu'au lundi matin. C'est la femme de ménage qui l'a réveillé à 5 heures. Quand elle a vu que l'ascenseur était bloqué, elle a téléphoné à l'entreprise qui s'occupe de l'entretien pour appeler un dépanneur. En l'attendant, elle a arpenté les étages en criant à tue-tête « *y a quelqu'un ? *y a quelqu'un ? » et lui, ça l'a réveillé.

Un homme : – Il devait être furieux !

Une femme : – Pas du tout. Quand il est sorti, il a dit que c'était la première fois depuis bien longtemps qu'il avait autant dormi !

PAGE 30 ////////////////////// PISTE 11

Femme A : – Tu auras fini ce compte-rendu avant 8 heures ?

Femme B : – Oui, j'espère. Pourquoi ?

Femme A : – Quand tu auras terminé, on pourra peut-être aller au cinéma ?

Femme B : – Encore ! Mais tu y es déjà allée trois fois cette semaine !

Femme A : – C'est vrai, mais tu sais, quand j'aurai repris mes cours du soir, je ne pourrai plus sortir avant un bon moment. J'en profite avant que ça commence.

Femme A :	– Ça commence quand ?
Femme B :	– Le 15 janvier ; et j'en ai pour jusqu'au mois de juin.
Femme B :	– Tu penses avoir l'examen ?
Femme A :	– Ben... j'espère.
Femme B :	– Et quand tu auras réussi ça, qu'est-ce que tu feras ?
Femme A :	– Je ne sais pas encore ; peut-être que je continuerai, peut-être aussi que...

LEÇON 2

PAGE 34 ///////////////////////// **PISTE 12**

(Dans la rue)

Un homme :	– La police dit qu'il y avait environ cinq cents personnes.
Une femme :	– Cinq cents ? Tu plaisantes ? Il y en avait bien deux mille !
Un homme :	– Bon, allez, entre les syndicats et la police, on coupe la poire en deux. Disons qu'il y en avait à peu près mille !

(Dans une gare)

Une femme :	– J'ai entendu dire qu'il avait approximativement deux heures de retard.
Un homme :	– Deux heures ! Ce n'est pas possible ! On va arriver à quelle heure ?
Une femme :	– Vers minuit et demi je pense.

(Dans une voiture)

Un homme A :	– Combien tu as sur toi ?
Un homme B :	– *J'en sais rien.
Un homme A :	– Mais... *grosso modo ?
Un homme A :	– *Grosso modo... dix euros. Et toi ?
Un homme A :	– Presque cinq.
Un homme B :	– Eh ben... on ne va pas aller loin avec ça !

PAGE 35 ///////////////////////// **PISTE 13**

Un jeune homme :	– Mademoiselle, s'il vous plaît, vous avez le programme de l'excursion de cet après-midi ?
Une jeune femme :	– Eh bien... non, mais... je peux peut-être vous renseigner. Que voulez-vous savoir ?
Un jeune homme :	– Savez-vous si on part avant ou après le déjeuner ?
Une jeune femme :	– Après. Le départ est fixé à 13 heures, une fois que tout le monde aura terminé les cours. Mais... vous devez prévoir de déjeuner avant, ou alors, emportez quelque chose à grignoter une fois dans le car.
Un jeune homme :	– Bonne idée. Et... vous pensez que le car partira à 13 heures précises ?
Une jeune femme :	– En principe oui. Dès que tout le monde sera arrivé, il partira. C'est-à-dire *grosso modo entre 13 heureset 13 heures 15 au plus tard.
Un jeune homme :	– Et, après avoir visité la ville de Nîmes, qu'est-ce qu'on va faire ?
Une jeune femme :	– Vous irez au Pont du Gard. C'est un aqueduc romain, vous verrez, c'est très intéressant.
Un jeune homme :	– Merci beaucoup. Euh... pardon, le retour est prévu à quelle heure ?
Une jeune femme :	– Vers 18 heures 30, mais... avec les embouteillages, on ne peut jamais prévoir exactement.

PAGE 36 ///////////////////////// **PISTE 14**

Une Japonaise :	– Il y a beaucoup d'étrangers en France il me semble.
Un Français	– Bien sûr, comme partout en Europe j'imagine.
Une Japonaise :	– Chez moi, au Japon, c'est différent, il y en a beaucoup moins. Dès que je suis arrivée en France, ça m'a étonnée de voir tous ces visages différents. Pourquoi tous ces étrangers viennent-ils ici ?
Un Français :	– Ça dépend, tous n'ont pas les mêmes raisons. La plupart viennent pour des raisons privées ou familiales. Certains sont mariés à des Français, d'autres ont des parents ou des enfants français. Quelques-uns ont un travail

permanent ici. En 2011, il y avait plus de trois millions d'étrangers sur le sol français alors aujourd'hui, il y en a sûrement encore plus.

Une Japonaise : – C'est énorme !

Un Français : – Après avoir travaillé quelques années en France, la plupart d'entre eux font venir leur famille, c'est ce qu'on appelle le regroupement familial.

Une Japonaise : – Et les autres ?

Un Français : – Eh bien ... il y a aussi des visiteurs ..., des étudiants comme toi.

Une Japonaise : – Mais comment tu sais tout ça ?

Un Français : – Grâce à l'INSEE, l'Institut National de la Statistique et des Études Économiques. On peut trouver un tas d'informations sur leur site Internet. Mais malheureusement, je n'ai pas trouvé le nombre de Japonais qui vivent en France.

Une Japonaise : – Qu'est-ce que tu en penses toi, de l'immigration ?

Un Français : – Je trouve que c'est inévitable. Il faut apprendre à vivre les uns avec les autres. La France est devenue un pays multiculturel, c'est aussi une richesse. Et toi, qu'en penses-tu ?

LEÇON 3

PAGE 40 ///////////////////////// PISTE 15

Une femme A : – Tu regrettes ?

Une femme B : – Je ne sais pas. Dans le fond, il était plutôt *sympa.

Une femme A : – Bien sûr. Je te l'avais dit.

———

Un homme : – Bon, on y va ?

Une femme : – Je ne suis pas encore prête.

Un homme : – Dépêche-toi !

Une femme : – Tout compte fait, je crois que je n'ai plus envie d'y aller.

———

Un homme : – Bon, tu te décides ? Tu le prends ou tu ne le prends pas ?

Une femme : – Qu'est-ce que tu en penses, toi ?

Un homme : – Ce n'est pas moi qui vais le mettre !

Une femme : – En fait, je ne suis pas sûre qu'il me plaise.

———

Un homme : – Alors, c'est d'accord ? À six heures devant le magasin ?

Une femme : – Ben... finalement, je préférerais six heures et demie.

Un homme : – Pourquoi ? Tu dois faire autre chose avant ?

PAGE 41 ///////////////////////// PISTE 16

Carole : – Qu'est-ce que tu fais, Nadine, lorsque ton mari va jouer au foot avec ses copains ?

Nadine : – Ben... avant, je passais tout l'après-midi à me répéter que c'était un monstre d'égoïsme, mais maintenant, je sors avec mes copines, et je suis bien contente d'être un peu tranquille.

Carole : – Moi, je ne le supporterais pas ! Le jour où il m'a dit qu'il voulait reprendre l'entraînement, je lui ai fait une scène... terrible. Depuis, il n'en parle plus.

Nadine : – Pourquoi tu as fait ça ? Tu sais, Carole, c'est bien aussi d'avoir un peu la paix de temps en temps. Pendant qu'il n'est pas là, tu peux faire ce que tu veux.

Carole : – Et qu'est-ce que tu veux que je fasse ? J'ai toujours envie d'être avec lui.

Nadine : – Et quand il travaille ?

Carole : – Ce n'est pas la même chose. Au moment où il travaille, je n'y pense pas.

Nadine : – Vous allez mourir étouffés tous les deux si tu continues comme ça !

Carole : – Et toi, ça t'est égal de savoir ton mari à droite et à gauche ?

Nadine : – Oui, j'ai confiance. Tant qu'il me dit où il va, je ne me fais pas de soucis. Non, ce qui m'énerve, c'est quand il téléphone à sa mère pendant des heures alors que je l'attends pour faire autre chose. À part ça... c'est tout.

Carole : – Ah moi, sa mère, c'est une fois par mois. Pas plus !

Nadine : – Eh ben dis donc, tu es un vrai tyran, toi !

Carole :	– Non ? Tu trouves ?

Page 42 ///////////////////// **Piste 17**

M. Rouvière :	– Asseyez-vous, je vous prie.
Mme Lalande :	– Merci.
M. Rouvière :	– Lors de notre dernier entretien, je vous avais laissé entrevoir que nous aurions peut-être besoin de vos services pour ce deuxième trimestre. Êtes-vous toujours disponible ?
Mme Lalande :	– Oui, bien sûr. Je serai absente au moment des fêtes de Pâques mais je ne pense pas que ça pose un problème ?
M. Rouvière :	– Non, pas du tout. Nous ne proposons pas de formation au cours de cette semaine-là. Et... qu'avez-vous fait pendant le premier trimestre ?
Mme Lalande :	– J'ai été sollicitée par la Chambre de commerce mais au moment de commencer la formation, ma fille est tombée malade et j'ai dû renoncer. Je ne pouvais pas prendre le risque de devoir arrêter en plein milieu du stage.
• *M. Rouvière :*	– Vous avez bien fait. Il est très important d'être fiable.

(Quelqu'un frappe à la porte et entre sans attendre de réponse.)

Sophie :	– Monsieur, s'il vous plaît...
M. Rouvière :	– Vous voyez bien que je suis occupé, Sophie. Je vous ai déjà demandé de ne pas me déranger pendant les entretiens.
Sophie :	– Excusez-moi... je ne savais pas... *(La porte se ferme)*
M. Rouvière :	– Bien, je peux compter sur vous, madame Lalande ?
Mme Lalande :	– Tout à fait, monsieur Rouvière. Je propose que l'on se revoie...

UNITÉ 3

LEÇON 1

Page 48 ///////////////////// **Piste 18**

Une femme :	– Oh ! Mais *c'est pas vrai ! C'est une catastrophe ! Regarde dans quel état est le jardin.
Un homme :	– On n'y peut rien, c'est comme ça.
Une femme :	– Je sais bien, mais tu te rends compte, tout ce travail pour rien !
Une femme :	– Mais enfin, Louis, il faut l'aider, on ne peut pas le laisser comme ça !
Un homme :	– Il n'y a rien à faire, ma chérie. Je suis désolé.
Une femme :	– Mais ce n'est pas possible, regarde comme il souffre !
Une femme A :	– Tu ne vas quand même pas accepter ça ? C'est ta maison, tout de même !
Une femme B :	– Qu'est-ce que tu veux y faire ? Il faut se faire une raison, c'est comme ça.
Une femme A :	– Mais non, il ne faut pas baisser les bras. C'est lui qui doit partir.
Un homme A :	– Alors ?
Un homme B :	– Alors elle est partie... avec le chien.
Un homme A :	– C'est comme ça que ça devait finir !
Un homme B :	– Et pourquoi ? Ce n'est pas une fatalité, quand même !

Page 49 ///////////////////// **Piste 19**

Une jeune fille :	– Bon, qu'est-ce que je fais maintenant ? Quand mes parents vont me voir en couverture de ce magazine, je vais avoir des problèmes.
Une femme :	– Qu'est-ce que tu veux y faire ? C'est trop tard maintenant, tu aurais dû y penser avant.
Une jeune fille :	– Oui, mais... je ne pensais pas gagner le concours. J'ai fait ça pour rire.
Une femme :	– N'empêche que tu aurais dû en parler à tes parents.
Une jeune fille :	– Ils n'auraient pas compris !
Une femme :	– Tu aurais pu essayer d'en discuter avec eux quand même.

Une jeune fille :	– Je suis sûre qu'ils n'auraient pas été d'accord.
Une femme :	– Ça, pour en être sûre, tu aurais dû le leur demander.
Une jeune fille :	– J'aurais dû, j'aurais dû… C'est bien beau tout ça, mais maintenant, qu'est-ce que je fais ?
Une femme :	– Tu vas leur dire la vérité avant qu'ils la découvrent eux-mêmes.
Une jeune fille :	– Aïe aïe aïe ! C'est comme ça que ça devait finir !

Page 50 ////////////////////// Piste 20

Une femme :	– Oh là là ! … J'aurais dû écouter François ! Mais pourquoi j'ai fait ça ?
Un homme :	– Qu'est-ce qui t'arrive encore ?
Une femme :	– Une catastrophe ! J'ai donné ma démission au travail avant d'avoir la réponse de Carrefour.
Un homme :	– Et alors ? Tu es sûre d'avoir le poste à Carrefour, non ?
Une femme :	– Ça, c'est ce que je pensais, mais finalement, ils ont choisi une autre candidate !
Un homme :	– Aïe ! Bon, maintenant, il faut prendre les choses comme elles sont.
Une femme :	– J'ai tout fait trop vite. Maintenant, *je m'en mords les doigts.
Un homme :	– Je comprends, mais qu'est-ce que tu veux y faire ? C'est comme ça.
Une femme :	– Comme je regrette de ne pas avoir écouté François. Il m'avait prévenue que tout pouvait changer jusqu'à la dernière minute. Il aurait fallu que j'attende deux jours… Qu'est-ce que c'est deux jours ?
Un homme :	– Ça, c'est vrai, ce n'est pas très malin.
Une femme :	– Le jour où j'ai envoyé cette lettre, j'aurais mieux fait de me casser une jambe !
Un homme :	– Et, tu ne peux pas essayer de rattraper ça avec ton employeur ?
Une femme :	– Comment ? Tu plaisantes ?

LEÇON 2

Page 54 ////////////////////// Piste 21

Un homme :	– Allez… ne vous en faites pas… ça va s'arranger.
Une femme :	– Mais vous ne vous rendez pas compte ! Qu'est-ce que je vais devenir moi maintenant ?
Un homme :	– Vous allez trouver autre chose… Ne vous inquiétez pas. D'ailleurs, je ne suis pas sûr que vous soyez faite pour ce travail.
―――――	
Un enfant :	– Maman, j'ai peur qu'on ne le retrouve pas !
Une femme :	– Mais si, on va le retrouver, mon chéri, n'aie pas peur. Maintenant, tu vas aller te coucher et fermer tes petits yeux. Ne te fais pas de soucis, je suis sûre qu'on le retrouvera demain.
―――――	
Une femme :	– Ouh, je sens que ça va faire mal.
Un homme :	– Mais non, je vous assure. Ne craignez rien. Avec la nouvelle technologie, on ne sent pratiquement rien. Détendez-vous, tout ira bien.
―――――	
Une femme :	– Mon sac ! Ce n'est pas possible ! Il était là il y a deux minutes ! Oh !
Un homme :	– Pas de panique ! Réfléchis bien. Tu l'as laissé où exactement ?
Une femme :	– Mais je n'ai pas besoin de réfléchir. Je l'avais posé là… sur la chaise et… Ce n'est pas possible !
Un homme :	– Ne t'affole pas. Quelqu'un l'a peut-être porté à la caisse.

Page 55 ////////////////////// Piste 22

(La scène se passe dans une voiture.)

Un homme :	– Voilà, c'est là. Je vais me garer en face.
Une femme :	– Comment, c'est là… Mais… c'est un hôtel ? Et un quatre étoiles au moins !
Un homme :	– Oui, mais… c'est sympa, tu vas voir.
Une femme :	– Mais… Si j'avais su, je ne me serais pas habillée comme ça !

Un homme :	– Et pourquoi ?
Une femme :	– Je suis habillée comme pour aller à un pique-nique et tu m'amènes dans un hôtel de luxe !
Un homme :	– Ne t'en fais pas, mes amis sont très simples, tout ira bien.
Une femme :	– Et ce petit bouquet de fleurs ridicule que j'ai apporté ? Si j'avais su, j'aurais choisi autre chose. J'aurais pris une boîte de chocolats ou... je ne sais pas moi... quelque chose d'autre !
Un homme :	– Ne t'inquiète pas, c'est sans importance.
Une femme :	– Mais Franck, c'est la première fois que tu me présentes à tes amis, j'aurais voulu leur faire bonne impression.
Un homme :	– Rassure-toi ma chérie. Je suis sûr que tu vas leur faire très bonne impression.
Une femme :	– Regarde la femme qui vient de sortir avec le verre à la main !
Un homme :	– Ha ! C'est Agathe, la femme de mon frère !
Une femme :	– Mais Franck... elle est en robe du soir !

Page 56 ///////////////////////// **Piste 23**

(Des personnes âgées)

Un homme A :	– Moi, si j'avais eu beaucoup d'argent, je n'aurais pas travaillé.
Une femme A :	– Eh bien moi, si j'avais eu plus de temps libre, j'aurais fait de la peinture.
Une femme B :	– Moi, si j'avais mieux étudié à l'école, je serais devenue médecin.
Un homme B :	– Et moi, si je ne m'étais pas marié, j'aurais fait le tour du monde.
Un homme C :	– Ça, c'est une bonne idée. Moi, si je m'étais marié, j'aurais voulu avoir beaucoup d'enfants.
Un homme A :	– Et toi, Gisèle, qu'est-ce que tu aurais aimé changer dans ta vie ?
Une femme C :	– Moi ? ... Je ne sais pas. Je crois que si j'avais fait autre chose de ma vie, je ne serais ni plus heureuse ni plus malheureuse aujourd'hui. J'aurais quand même quatre-vingts ans. Qu'est-ce que ça changerait ?

LEÇON 3

Page 60 ///////////////////////// **Piste 24**

Une femme :	– Puisque la décision est prise, je crois qu'il est inutile que nous en parlions davantage. De toute façon...
Un homme :	– Excusez-moi de vous interrompre, mais je pense que beaucoup de gens ici ne sont pas d'accord avec vous. Nous devons continuer à nous battre pour protéger nos intérêts.
Une femme :	– Mais, monsieur, vous ne pensez pas qu'il est trop tard ?
Une femme :	– C'est très simple, si vous n'étiez pas là à la dernière réunion, vous ne pouvez pas participer au vote.
Un homme :	– Je pense que...
Une femme :	– Vous comprendrez que l'on doit respecter les règles.
Un homme :	– Oui mais...
Une femme :	– Nous allons donc commencer...
Un homme :	– Mais, laissez-moi parler, s'il vous plaît ! Je ne suis absolument pas d'accord avec vous !
Un homme :	– Ce qui s'est passé, c'est que la femme a traversé alors que le feu pour les piétons était au rouge et...
Une femme :	– Je vous demande pardon mais moi, je suis témoin, j'ai tout vu et je peux vous dire que le feu était au vert.
Un homme :	– Et où étiez-vous exactement quand l'accident est arrivé ?
Un homme :	– Bien, puisque tout le monde est là, nous allons commencer.
Une femme :	– Je peux dire un mot ?
Un homme :	– Oui, bien sûr.
Une femme :	– Gérard nous invite tous à prendre un verre chez lui samedi à 18 heures.

Page 61 ///////////////////////// **Piste 25**

Une femme :	– Et si on invitait mes parents le week-end prochain, ce serait une bonne idée, non ?

Un homme :	– Ben... je ne sais pas moi... Qu'est-ce qu'on pourrait faire avec eux ? Il ferait beau, on pourrait aller se promener autour du lac... Mais la météo n'est pas très optimiste.
Une femme :	– C'est vrai, mais... on pourrait aller au cinéma le dimanche après-midi.
Un homme :	– Tu plaisantes ? On n'a pas du tout les mêmes goûts qu'eux en matière de cinéma ! Ta mère n'aime que les films romantiques et ton père ne va voir que les films de guerre.
Une femme :	– Ben... Au cas où on ne pourrait pas se mettre d'accord, on pourrait aller au musée ?
Un homme :	– Ah non ! Tu sais bien que j'ai horreur de ça !
Une femme :	– Alors, on restera à la maison !
Un homme :	– Je te demande pardon, mais j'ai le droit de donner mon avis !
Une femme :	– D'accord ! Je ferai la cuisine avec ma mère et toi, tu joueras aux échecs avec mon père. Ça lui fera plaisir.
Un homme :	– Ça finit toujours comme ça.
Une femme :	– Bon, je les appelle tout de suite.
Un homme :	– Mélanie ?
Une femme :	– Oui, quoi ?
Un homme :	– Dis, dans l'hypothèse où ils auraient prévu autre chose, n'insiste pas !

UNITÉ 4

LEÇON 1

PAGE 68 ///////////////////////// **PISTE 26**

Un homme A :	– Monsieur Dumas, j'approuve totalement votre projet. J'apprécie votre esprit d'initiative. Vous pouvez compter sur moi pour vous soutenir auprès du directeur.
Un homme B :	– Eh bien moi, malheureusement, je ne suis pas de votre avis. Le projet de monsieur Dumas me semble très irréaliste. Inutile de préciser que je suis absolument contre. J'espère ne pas vous froisser, monsieur Dumas ?

Un homme :	– Alors, ... pour ce soir, je propose le restaurant indien et... une ballade romantique sur la plage, au clair de lune. Qu'en penses-tu ?
Une femme :	– Je n'ai aucune objection ! Ce programme me convient parfaitement. Et qu'est-ce que tu dirais d'un petit bain de minuit ?

Le directeur :	– Mademoiselle Belin, je désapprouve totalement votre attitude. Vous devez maintenir de bonnes relations avec vos collègues.
Melle Belin :	– Mais... monsieur le directeur, les pratiques de monsieur Moreau sont inacceptables ! Tout le monde les condamne mais personne n'ose en parler !

Une femme A :	– Vous avez lu mon rapport sur l'incident de samedi ?
Une femme B :	– Oui, je n'y trouve rien à redire, c'est parfait.
Une femme A :	– Et... qu'est-ce que vous pensez de la conclusion ?
Une femme B :	– Je suis tout à fait d'accord avec vous. Je réprouve la manière dont les vendeurs se sont comportés. C'est inadmissible.

Une femme :	– Bon, on y va ou on n'y va pas ?
Un homme :	– Moi, je n'ai rien contre.
Une femme :	– Alors on y va. Si tu es d'accord, il n'y a pas de problème.

PAGE 69 ///////////////////////// **PISTE 27**

Une femme A :	– Tu as vu le match de foot hier à la télé ?
Une femme B :	– Tu plaisantes ! Le foot, ça ne m'intéresse pas du tout !
Une femme A :	– Ah bon ? Moi, ça me plaît. Je le regarde souvent avec mon mari.
Une femme B :	– Moi, ça m'énerve. Et puis... tous ces hommes qui courent dans tous les sens, ça me fatigue.
Une femme A :	– C'est bizarre, moi ça me détend.

Une femme B :	– Chacun ses goûts !
Une femme A :	– Ne t'énerve pas ! On n'est pas d'accord, ce n'est pas grave ! Toi, tu aimes les courses de chevaux, moi ça m'ennuie ; mais je n'ai rien à redire là-dessus, tu fais ce que tu veux.
Une femme B :	– Bon, ça suffit maintenant. On change de conversation ?

PAGE 70 ////////////////////// **PISTE 28**

Mme Lamart :	– Vous savez, mademoiselle Breton, ça ne me plaît pas beaucoup cette histoire.
Melle Breton :	– Mais c'est seulement pour une nuit, madame Lamart. Ça ne gênera personne qu'il dorme ici.
Mme Lamart :	– Oui, mais c'est interdit. Moi, ça m'ennuie de fermer les yeux. Et en plus, je ne suis pas sûre que votre mère m'approuverait.
Melle Breton :	– Ma mère ? Elle n'y trouverait rien à redire. Elle le connaît très bien, Alex. Allez, madame Lamart, je vous promets qu'il repartira demain matin très tôt. Personne ne le verra.
Mme Lamart :	– J'espère bien !
Melle Breton :	– Alors, vous êtes d'accord ? Ça me fait vraiment plaisir que vous acceptiez !
Mme Lamart :	– Je n'ai pas dit que j'acceptais !
Melle Breton :	– Pas encore, mais... je sens que ça vous ferait de la peine de refuser.
Mme Lamart :	– Ben... j'ai été jeune moi aussi. Quand j'ai rencontré mon Lucien, ça ne se passait pas comme ça !
Melle Breton :	– Ça, ça m'amuserait que vous me racontiez comment vous avez rencontré monsieur Lamart.
Mme Lamart :	– Ah ! C'est une vieille histoire ! C'était le 14 juillet, il y a quarante-cinq ans !
Melle Breton :	– Eh bien, ... je suis désolée mais... je n'ai pas beaucoup de temps aujourd'hui, demain peut-être ? Et merci encore pour votre compréhension.

LEÇON 2

PAGE 74 ////////////////////// **PISTE 29**

Une femme A :	– Écoute, il faut prendre une décision, on ne va pas parler de ça toute la semaine. Moi, il me paraît sérieux. On pourrait le prendre à l'essai ?
Une femme B :	– C'est comme tu veux. Moi, il m'a l'air un peu gamin mais... on peut essayer une semaine... On verra bien.
Une femme A :	– Tu crois qu'il ne fera pas l'affaire ?
	―――――
Un homme :	– J'estime qu'elle ne doit pas nous parler sur ce ton.
Une femme :	– Pfff ! ... Tu as raison, mais elle a 15 ans. Il me semble que j'ai bien dû être un peu comme ça à son âge. Tu as l'impression qu'on a raté son éducation ?
Un homme :	– Je ne dis pas ça, mais, elle pourrait faire des efforts. Elle me paraît un peu nerveuse en ce moment. Tu ne trouves pas ?
	―――――
Une jeune fille :	– Alors, on la prend ? Moi, je la trouve super !
Un jeune homme :	– Je suppose que je n'ai pas le choix ?
Une jeune fille :	– Mais si, bien sûr ! Tu sais bien que, finalement, c'est toujours toi qui décides.
Un jeune homme :	– Tu ne préfères pas la verte ?
Une jeune fille :	– Tu vois, j'en étais sûre ! J'imagine que je dois changer d'avis ?
	―――――
Un homme :	– Je trouve l'idée intéressante mais je me demande si elle est réalisable.
Une femme :	– Pourquoi pas ? Je vais en parler à François. Je le crois capable de nous fabriquer ça.
Un homme :	– Ce serait bien. On pourrait se rafraîchir quand on veut.
Une femme :	– Oui... Je pense qu'on va avoir un été très agréable.

PAGE 76 ////////////////////// **PISTE 30**

Une femme :	– Alors, cette pétition, tu la fais circuler oui ou non ?

Un homme :	– J'hésite encore, je ne suis pas sûr que ce soit nécessaire.
Une femme :	– Pourquoi ?
Un homme :	– Il semble qu'il y ait une contre-proposition pour le tracé de la voie rapide. Au lieu de passer près des maisons, elle passerait à 2 kilomètres, ça changerait tout.
Une femme :	– Je ne crois pas que cette hypothèse soit sérieuse.
Un homme :	– Peut-être, mais il me paraît quand même nécessaire qu'on attende un peu avant de lancer l'opération.
Une femme :	– J'ai l'impression qu'ils nous mènent en bateau avec cette histoire. Je ne crois pas qu'ils aient l'intention de modifier leur projet.
Un homme :	– Qu'est-ce que tu proposes ?
Une femme :	– J'estime qu'ils doivent nous tenir au courant de l'évolution du projet. Je ne trouve pas la situation très claire. On doit demander une réunion d'information publique.
Un homme :	– Oui, tu as peut-être raison, mais je doute qu'ils soient disposés à en faire une.
Une femme :	– Tu es pessimiste. Dans tous les cas, je trouve normal qu'on en fasse la demande.
Un homme :	– Pourquoi pas ?

LEÇON 3

PAGE 80 //////////////////////// **PISTE 31**

Une femme A :	– Ah ! Pourvu qu'il accepte !
Une femme B :	– Et pourquoi il refuserait ?
Une femme A :	– Ben… je ne sais pas moi. J'imagine que je ne suis pas la première à le lui demander. Mais… ça me ferait tellement plaisir qu'il dise oui !

_____

Une femme :	– Tu sais, ça me dirait bien de partir avec toi.
Un homme :	– Eh ben viens, je t'emmène.
Une femme :	– C'est vrai ? Tu m'emmènerais avec toi ?
Un homme :	– Bien sûr ! Je n'osais pas te le demander

mais j'espérais bien qu'on en parlerait avant mon départ.

_____

Une femme :	– Cette fois, je le sens. C'est pour cette semaine, tu vas voir.
Un homme :	– Depuis deux ans, tu me dis ça tous les samedis… J'aimerais bien que ce soit vrai finalement. Quand je pense que ça n'arrivera sûrement jamais… *(Soupir)*
Une femme :	– Règle numéro un, ne jamais désespérer. Je serais contente que tu n'oublies pas ça, mon chéri !

_____

Une femme :	– Je voudrais bien qu'on l'achète cette année.
Un homme :	– Cette année, cette année… Ça va être un peu difficile. Il faut qu'on fasse encore quelques économies.
Une femme :	– Tu es sûr ? J'ai tellement envie qu'on se décide maintenant. On pourrait peut-être refaire les comptes ?
Un homme :	– Moi aussi, ça me tente.

PAGE 82 //////////////////////// **PISTE 32**

Un homme :	– Alors, ta fille, tu as des nouvelles ?
Une femme :	– Non. J'aimerais tant qu'elle réussisse ; depuis le temps qu'elle cherche !
Un homme :	– Pourquoi pas ?
Une femme :	– Je trouve bizarre qu'elle n'ait pas encore appelé. Elle avait rendez-vous à 14 heures.
Un homme :	– Elle correspond bien au profil ?
Une femme :	– Oui, je crois. Ils voulaient que les candidats aient déjà eu une petite expérience… Un stage par exemple, c'est son cas, qu'ils soient allés à l'étranger pour faire une partie de leurs études et qu'ils soient bilingues. Elle a fait son mastère à Dublin, elle parle bien anglais…
Un homme :	– Ben alors… elle a toutes ses chances !
Une femme :	– Théoriquement oui, mais pratiquement, on ne sait jamais.

(Sonnerie de téléphone portable)

Une femme :	– Ah ! Excuse-moi, ça doit être elle. Allô,

Sophie ? Alors, comment ça a marché ?
... Ah bon. Oui... oui d'accord... Et toi,
qu'est-ce que tu en penses ? ... Oui, je
comprends. À tout à l'heure.

Un homme : – Alors ? C'est bon ?

Une femme : – Elle doit attendre qu'ils aient vu tous
les candidats. Elle aura la réponse
à 18 heures.

UNITÉ 5

LEÇON 1

Page 88 ///////////////////////// Piste 33

Une femme : – Mais enfin, tu arrives à 8 heures alors
qu'on avait rendez-vous à 7 heures !
Comment veux-tu que je sois de
bonne humeur ?

Un homme : – Je t'avais prévenue que je serais
sûrement en retard. Tu ne m'écoutes
jamais !

Une femme : – Ça, ce n'est pas vrai. Contrairement à
toi, moi, j'écoute quand tu me parles !

————

Un homme : – Chère madame, autant votre fils est
un élève dynamique et sérieux, autant
votre fille est passive et peu attentive.

Une femme : – Mais monsieur, je ne comprends pas.
À la maison, c'est tout le contraire !

Un homme : – Alors, elle travaille peut-être trop
à la maison car ici, elle dort au lieu
d'étudier !

————

Une femme : – J'aurais dû m'en douter. Tu ne veux
plus me l'acheter ?

Un homme : – Mais si, au contraire ! Je vais te
l'acheter tout de suite. J'en ai besoin
pour le week-end prochain.

Une femme : – Super ! Je suis bien contente de te
la vendre ; par contre, j'en ai encore
besoin jusqu'à samedi.

————

Un homme : – Aïe aïe aïe ! Nathalie ! Vous n'avez pas
gagné les 10.000 euros... En revanche,
j'ai le plaisir de vous offrir un séjour
d'une semaine à la montagne pour
deux personnes !

Une femme : – Je vous remercie.

Un homme : – Ah, je suis désolé ! Et tandis que
Nathalie essuie une larme, Francis
saute de joie. Eh oui Francis, les 10.000
euros sont pour vous ! Bravo !

Page 90 ///////////////////////// Piste 34

Un homme : – Allô, Rapide Dépannage, j'écoute.

Une femme : – Bonjour monsieur, c'est madame
Duroule. Voilà... bien que vous soyez
venu réparer ma machine à laver il y a
trois jours, elle est encore en panne.

Un homme : – Ah bon ! Pourtant, je me souviens bien,
j'ai changé la résistance.

Une femme : – Peut-être, mais elle est en panne
quand-même. Vous pensez venir
quand ?

Un homme : – Quand ! Quand ! Quand ! Je *peux pas
venir chez vous tous les jours ! Disons...
jeudi prochain ?

Une femme : – Dans plus d'une semaine ? Vous
plaisantez ! La dernière fois, vous
m'avez fait attendre dix jours ! Même
si je suis patiente, il y a des limites !

Un homme : – Ça *va pas être possible avant.
Malgré toute ma bonne volonté,
je *pourrai pas venir avant jeudi.
Si vous ne pouvez pas attendre,
appelez quelqu'un d'autre !

Une femme : – Quelqu'un d'autre ? ... Mais je vous ai
déjà payé pour cette réparation !

Un homme : – Quand bien même je reviendrais chez
vous, ma petite dame, ce ne serait pas
gratuitement !

Une femme : – Oh ! Ça c'est trop fort !

LEÇON 2

Page 94 ///////////////////////// Piste 35

Un homme : – Là franchement, tu es allée trop loin !

Une femme : – Et qu'est-ce que je peux faire
maintenant ?

Un homme : – À ta place, j'irais m'excuser.

Une femme : – Aïe ! Ce n'est pas facile ça.

Un homme : – Je sais. Et tu devrais même lui proposer
un dédommagement.

————

Un adolescent :	– Je n'y arrive pas. Qu'est-ce que tu veux que je fasse ?
Une femme :	– Il vaudrait mieux que tu reprennes les choses au début. Je suis sûre que tu comprendrais mieux.
Un adolescent :	– Tu imagines le travail ?
Une femme :	– Si tu veux réussir, tu ferais bien de m'écouter.

Un homme :	– Bon, j'y vais.
Une femme :	– Ça va aller. Ne t'inquiète pas. Tâche d'être clair, précis et ne parle pas trop.
Un homme :	– Tu penses que je dois lui parler de mes problèmes d'horaires ?
Une femme :	– Ce n'est pas le moment. Si j'étais toi, je ne dirais rien.

Un homme :	– D'abord, il faudrait que vous fassiez plus attention à votre présentation. Essayez de changer de coiffure, de porter des vêtements moins stricts.
Une femme :	– Oui, vous avez peut-être raison, mais... c'est difficile.
Un homme :	– Je vous conseille aussi de changer de lunettes. Celles-ci vous donnent un air sévère. Vous pourriez porter des lentilles de contact peut-être.
Une femme :	– Oui, je pourrais essayer. Et, pour le reste ?

Une jeune fille :	– Bon, qu'est-ce que tu décides ?
Un jeune garçon :	– Je ne sais pas. Qu'est-ce que tu en penses ?
Une jeune fille :	– Ce serait bien que tu essaies, au moins ?
Un jeune garçon :	– Oui... mais je ne crois pas que j'aie beaucoup de chances.
Une jeune fille :	– Tu n'as qu'à l'inviter au cinéma.

Page 96 /////////////////////// **Piste 36**

Une femme :	– Salut, Quentin, ça va ?
Un homme :	– Pas mal, et toi ?
Une femme :	– Moi, je suis *crevée. Je ne sais pas ce que j'ai en ce moment, je ne suis pas en forme.
Un homme :	– Vu ton état, tu devrais refaire du sport.

Une femme :	– Tu sais bien que je n'ai pas le temps !
Un homme :	– Tu as toujours une bonne excuse ! À force de rester devant ton ordinateur, tu vas finir par devenir impotente !
Une femme :	– Oui, tu as peut-être raison. Qu'est-ce que tu ferais à ma place ?
Un homme :	– Je ne sais pas moi... Admettons que faute de temps, tu ne puisses plus aller à la piscine, tu pourrais au moins courir. Courir, c'est facile, d'autant plus que tu habites près d'un parc.
Une femme :	– *Ouais, mais... ce n'est pas très rigolo.
Un homme :	– Tu as un vélo d'appartement, tâche de t'en servir un peu tous les jours.
Une femme :	– Ça... c'est un peu monotone.
Un homme :	– Bon ! Courir, ce n'est pas amusant. Pédaler c'est monotone... Qu'est-ce que tu veux faire au juste ?
Une femme :	– Je crois que j'aimerais prendre des cours de danse.
Un homme :	– Alors là, je ne comprends plus. Tu ne veux plus nager sous prétexte que tu n'as pas le temps et tu voudrais aller je ne sais où pour prendre des cours de danse. Ça te prendra encore bien plus de temps !
Une femme :	– Oui mais, comme Audrey et Maxime y vont déjà, j'irais avec eux, ce serait sympa.
Un homme :	– Pour y être déjà allé moi-même, je peux te dire qu'il faut y aller en couple.
Une femme :	– Ah bon, tu as pris des cours de danse, toi ?
Un homme :	– Ben... oui... Pourquoi pas ?

LEÇON 3

Page 100 /////////////////////// **Piste 37**

Un garçon :	– Enfin, tu ne vois pas la différence ?
Une fille :	– Ben... non. ... Elles sont pareilles !
Un garçon :	– Elles se ressemblent mais ce ne sont pas les mêmes ! Et celle-là, c'est la mienne. Je ne veux plus que tu y touches. C'est clair ?

Une jeune fille :	– Je ne comprends pas pourquoi nous n'avons pas le même salaire. Nous sommes arrivées dans l'entreprise en même temps, nous faisons le même travail...
Une femme :	– Mademoiselle Lavoix, vous vous comportez comme une enfant. Vous n'allez pas me faire une scène comme quand j'ai touché ma prime de Noël !

Une jeune fille A :	– Oh là là ! Qu'est-ce qu'il ressemble à son frère, c'est incroyable !
Une jeune fille B :	– Oui ! D'ailleurs, je l'avais pris pour son frère.
Une jeune fille A :	– Il a le même sourire... Mais il est plus grand, je crois. Il te regarde. Fais comme si tu ne l'avais pas remarqué.

Un garçon :	– Pourquoi tu as fait ça ?
Une fille :	– Arrête de me faire des reproches ! On dirait mon père !
Un garçon :	– Bon, il faudrait savoir : un jour, tu me dis que je suis pareil à ta mère, le lendemain à ton père...
Une fille :	– C'est la même chose ! Ce que je voudrais, c'est que tu ne me parles pas comme à une gamine !

Une femme :	– Regarde ! C'est comme le jour où on est arrivés, il pleut. Enfin... il pleut moins fort quand même.
Un homme :	– C'est du pareil au même. Ici, on ne peut jamais sortir !
Une femme :	– Tu es bien pessimiste, aujourd'hui ! Il a fait beau hier, et avant-hier aussi.
Un homme :	– Peut-être, mais ce n'est plus comme avant.

PAGE 102 //////////////////////// **PISTE 38**

Une femme :	– On joue aux devinettes ?
Un enfant :	– D'accord, mais c'est difficile ! Choisis quelque chose que je puisse trouver.
Une femme :	– Alors... C'est un bâtiment dans lequel on peut entrer, près duquel il y a un fleuve, sur lequel il y a un émetteur de télévision, en haut duquel on peut dîner... Tu trouves ?
Un enfant :	– Heu... encore.
Une femme :	– C'est un bâtiment auquel on pense souvent quand on parle de la France et dont on fait des copies en miniature pour les vendre aux touristes. Ça ressemble un peu à une flèche. Tu ne vois pas ?
Un enfant :	– Ben... la tour Eiffel ?
Une femme :	– Bravo ! Tu vois que tu y arrives ! Allez, à toi. Je t'écoute.
Un enfant :	– C'est une chose... sans laquelle on ne peut plus rien faire, ... dans laquelle on peut mettre toutes ses idées...
Une femme :	– Un cahier ? Un carnet ?
Un enfant :	– Non ! C'est un *truc avec lequel on peut aller n'importe où. C'est grand comme un briquet mais bien sûr, on ne s'en sert pas de la même manière. Tu as trouvé ?
Une femme :	– Ben... Je ne sais pas moi... Un ordinateur ?
Un enfant :	– Grand comme un briquet, je t'ai dit !
Une femme :	– Tu sais bien que moi, les ordinateurs, je n'y comprends rien.
Un enfant :	– Alors, tu donnes ta langue au chat ?
Une femme :	– Je crois que je vois à quoi ça ressemble, mais je ne sais pas comment ça s'appelle.
Un enfant :	– Alors tu as perdu ! C'est une clé USB !
Une femme :	– Comment veux-tu que je trouve ? Je ne sais même pas ce que c'est !

UNITÉ 1 /////////////////////////////////

LEÇON 1

Page 8 exercice 1 : Dialogue 1 : dimanche dernier, la veille au soir, l'avant-veille, trois jours avant, la semaine précédente. Dialogue 2 : lundi, ce jour-là, le lendemain matin, le surlendemain. Dialogue 3 : en 1972, cette année-là, l'année d'avant, l'année d'après, trois ans après. – Les premières indications des trois dialogues situent le moment de référence de la conversation. Les autres indications temporelles situent les actions par rapport à ce moment de référence.

Page 9 exercice 5 : Ils parlent d'un fait divers. Un pompier pyromane a mis le feu à un immeuble. Un mois avant, il avait déjà incendié une usine de chaussures.

Page 13 exercice 12 : problématiques : – Le Français peut-il rester une langue influente dans le monde ? – Faut-il harmoniser le Français écrit et le Français oral ? – Peut-on dire que la langue française est sexiste ?

LEÇON 2

Page 14 exercice 1 : Les gens parlent d'informations sans citer leurs sources. Les expressions : – J'en ai entendu parler – Le bouche à oreille – Il paraît que – Des on-dit – J'ai entendu dire que – On dit que.

– *Il paraît que, on dit que, j'ai entendu dire que* introduisent une phrase.

– *J'ai entendu parler de* introduit un groupe nominal.

– *Le bouche à oreille, les on-dit* représentent le moyen de transmission de l'information.

Page 15 exercice 5 : Ils parlent des changements qui vont avoir lieu dans leurs vies. Mathias, qui a réussi le concours de bibliothécaire, va aller s'installer à Lyon. Karen va aller rejoindre sa sœur à Lille où elle espère trouver un travail.

Page 17 exercice 9 : Lucie va probablement retourner à Bordeaux dans sa famille. Ses parents auraient des problèmes car son père mènerait une double vie. Il aurait une autre femme dans sa vie et une autre fille, du même âge que Lucie. L'utilisation du conditionnel ne permet pas d'affirmer que ces informations sont réelles.

Page 19 exercice 13 : problématiques : – Les simples citoyens sont-ils compétents pour rendre la justice ? – Est-il juste d'obliger les citoyens à être jurés dans une affaire criminelle ?

LEÇON 3

Page 20 exercice 1 : Dialogue 1 : autrefois, quand j'étais jeune. Dialogue 2 : de mon temps, quand j'étais petite. Dialogue 3 : dans le temps, en ce temps-là, avant. Dialogue 4 : dans ma jeunesse, à l'époque. – Toutes ces indications temporelles renvoient dans le passé.

Page 21 exercice 5 : Toutes ces personnes sont probablement âgées. Elles comparent la vie actuelle à celle de leur jeunesse. Pour situer dans le passé : dans ma jeunesse, de mon temps, autrefois, avant, quand j'étais jeune. Pour situer dans le présent : maintenant, aujourd'hui, de nos jours, à présent, les gens d'aujourd'hui.

Page 22 exercice 7 : Les deux personnes qui parlent sont un présentateur de radio et un professeur de médecine. Ils parlent de l'évolution de la médecine et de la carrière de ce médecin. Les mots qui évoquent des changements, a progressé, la baisse, une amélioration, son évolution, un progrès, s'est développée. Les verbes à l'infinitif passé : avoir fait, avoir passé, ne pas être allé, ne pas avoir réussi, avoir réalisé. Ils marquent l'antériorité par rapport au verbe introducteur.

Page 25 exercice 12 : problématiques : – Le « selfie » est-il symbolique de la culture de notre époque ? – Notre époque est-elle trop narcissique ? – La photographie est-elle encore un art ?

BILAN PAGES 26-27

1. Ce dimanche-là/ce jour-là je suis allé à la campagne. – **2.** La veille, j'étais malade. – **3.** Le lendemain, je suis rentré(e) chez moi. – **4.** Le dimanche d'après/le dimanche suivant, je suis resté(e) à la maison. – **5.** étaient entrés par la fenêtre/étaient sortis.../étaient partis.../étaient tombés... – **6.** Ils avaient ouvert tous les tiroirs/avaient volé tous les bijoux/avaient emporté... – **7.** Ils s'étaient enfermés dans la chambre/s'étaient enfuis/s'étaient lavés dans la salle de bain,... – **8.** s'est déclaré – **9.** a été évacuée. – **10.** a été dévasté/a été détruit. – **11.** le pyromane – **12. 13. 14.** je fais des reportages/je réalise des interviews/j'assiste à des conférences de presse/j'écris des articles – **15.** Il paraît que la banque va fermer. – **16.** On dit que les employés sont en grève. – **17. 18.** J'ai entendu dire que le guichetier était tombé dans l'escalier /l'ai entendu parler d'un attentat. – **19.** Il a dit qu'il venait de trouver un appartement. – **20.** Il a dit qu'il avait déménagé. – **21.** Il a dit qu'il était content. – **22.** Il a dit qu'il viendrait. – **23.** aurait glissé dans le virage/se serait retournée/aurait heurté un arbre... – **24.** il serait à l'hôpital/serait secouru par les pompiers/se reposerait dans une clinique privée... – **25. 26.** au tribunal correctionnel – à la Cour d'assises – **27. 28. 29. 30. 31.** De nos jours/aujourd'hui/maintenant/à présent, il y a beaucoup trop de chômage. – Autrefois/dans le temps/avant/de mon temps/dans ma jeunesse/quand j'étais jeune, c'était beaucoup plus facile. – **32.** je pense avoir compris. – **33.** il prétend n'avoir rien volé. – **34.** il regrette d'avoir crié/d'avoir insulté qqn./d'avoir dit qqch.... – d'être parti sans rien dire/d'être sorti en courant/d'être arrivé en retard... – de s'être énervé/de s'être mis en colère/de s'être sauvé... – **35.** je suis désolée de l'avoir laissé sortir. – **36.** elle s'améliore. – **37.** elle se détériore/elle s'aggrave/elle empire – **38.** les prix augmentent – **39.** les salaires diminuent/baissent – **40.** alors que/tandis que.

UNITÉ 2 ///////////////////////////////////////

LEÇON 1

Page 28 exercice 1 : Dialogue 1 : jusqu'au mois de décembre, jusqu'à ce que (3 fois), jusqu'à... – Ces indications marquent la limite finale d'une action. Elles se présentent sous deux formes différentes. – Dialogue 2 : avant, avant que, avant de. Ces indications marquent l'antériorité d'une action par rapport à une autre. Elles se présentent sous trois formes différentes. – Dialogue 3 : en attendant que, en attendant, en attendant de. Ces indications marquent l'antériorité d'une action par rapport à une autre. Elles se présentent sous trois formes différentes.

Page 29 exercice 5 : La femme raconte un fait divers qu'elle a entendu probablement à la radio. Un homme a passé le week-end bloqué dans l'ascenseur de son entreprise. C'est la femme de ménage qui a appelé l'entreprise de dépannage le lundi matin pour le délivrer.

Page 30 exercice 9 : Les deux femmes sont probablement des amies. Elles font des projets pour la soirée et elles parlent de l'avenir de l'une d'elles.
Les verbes : Tu auras fini, tu auras terminé, on pourra, j'aurai repris, je ne pourrai plus, tu auras réussi, tu feras, je continuerai. Les verbes au futur antérieur sont utilisés pour des actions futures envisagées comme finies à un moment donné. Les verbes au futur simple sont utilisés pour des actions qui se réaliseront dans le futur.

Page 32 exercice 13 : problématiques : – Protéger notre planète, est-ce réellement une priorité ? – Faudra-t-il changer de mode de vie pour protéger notre planète ?

LEÇON 2

Page 34 exercice 1 : Les chiffres donnés ne sont pas précis.
Les mots utilisés : environ, bien, à peu près, approximativement, vers, grosso modo, presque. *Bien* introduit un chiffre minimum. *Presque* introduit un chiffre maximum. Les autres mots indiquent seulement une quantité proche de la réalité.

Page 35 exercice 5 : Le jeune homme demande des informations à propos d'une excursion à laquelle il va participer. La jeune femme lui explique que le car partira à 13 heures et qu'il est préférable de déjeuner avant. Ils vont visiter Nîmes et le Pont du Gard. Le retour est prévu vers 18 heures 30.

Page 36 exercice 8 : Un Français et une Japonaise parlent de l'immigration en France. Le jeune homme explique les différentes raisons qui ont amené ces étrangers à s'installer en France : raisons familiales, professionnelles, politiques ou personnelles. Il pense que la France est un pays multiculturel. L'INSEE fait des statistiques sur tout ce qui concerne les Français.

Page 39 exercice 13 : problématiques : – Le droit à l'immigration devrait-il être totalement libre ? – Immigrer, est-ce un choix facile ?

LEÇON 3

Page 40 exercice 1 : Quelqu'un tire les conclusions de sa réflexion.
Les mots : Dans le fond, tout compte fait, en fait, finalement.

On les utilise pour introduire une décision finale.
Page 41 exercice 5 : Deux femmes parlent de ce qu'elles font quand leurs maris ne sont pas à la maison. L'une d'elles ne supporte pas que son mari ne soit pas toujours avec elle quand il ne travaille pas. Elle lui reproche de vouloir jouer au football. L'autre accepte que son mari ait des activités auxquelles elle ne participe pas. Elle aime profiter de ces moments-là pour sortir avec ses copines. Ce qu'elle ne supporte pas, c'est quand son mari reste trop longtemps au téléphone avec sa mère.

Page 42 exercice 8 : Il s'agit d'un employeur et d'une femme qui souhaite travailler pour lui. Les deux personnes se connaissent et l'homme avait déjà dit à la femme qu'il l'emploierait probablement au second trimestre. Il lui demande si elle est toujours libre. Elle dit que oui et explique ce qu'elle a fait au trimestre précédent. Elle a dû refuser un stage comme formatrice à la chambre de commerce car sa fille était malade. Lorsque la secrétaire entre dans le bureau, monsieur Rouvière lui reproche de le déranger et elle sort en s'excusant.

Page 45 exercice 13 : problématiques : – L'apprentissage des langues étrangères est-il réellement utile ? – L'anglais peut-il être la seule langue commune à tous sur la terre ? – L'apprentissage d'une langue rare est-il utile ?

BILAN PAGES 46-47

1. avant 6 heures/avant demain/avant le dîner... – **2. 3.** avant de sortir/avant d'aller au cinéma... – avant que mon chef (ne) revienne/avant qu'il pleuve... – **4. 5.** jusqu'à midi/jusqu'à la fin du film... – jusqu'à ce que j'aie fini/jusqu'à ce que tu sois obligé de partir... – **6. 7. 8.** en attendant le bus/en attendant le retour de ma mère... – en attendant de trouver un travail/en attendant de reprendre mes études... – en attendant qu'on me dise de faire autre chose/en attendant que mon père soit à la retraite... – **9. 10.** j'aurai fait le ménage/j'aurai préparé le dîner... – je serai allé faire les courses/je serai rentré du marché... – **11.** je me serai préparé/je me serai maquillée... – **12.** les ordures/les détritus. – **13.** on les trie. – **14.** on les recycle. – **15.** on produit surtout de l'énergie nucléaire. – **16. 17. 18. 19.** environ/à peu près/grosso modo/approximativement/au moins/bien 60 millions. – **20.** vers/aux environs de 6 heures. – **21.** Dès que je sors, je viens. – **22. 23.** Après avoir écrit l'article, j'irai chez mes amis. – Une fois l'article écrit, je rentrerai chez moi. – **24. 25.** Après qu'il m'aura téléphoné, je sortirai. – Une fois qu'il m'aura téléphoné, j'irai au cinéma. – **26.** certains/quelques-uns/la plupart étudient l'anglais. – **27.** d'autres/certains/quelques-uns/la plupart choisissent une autre langue. – **28.** tous en étudieront une. – **29.** ils ont émigré. – **30.** aucun n'est encore arrivé. – **31. 32. 33. 34.** Dans le fond/au fond/en fait/tout compte fait/à vrai dire/en fin de compte/tout bien considéré, je ne sais plus. – **35.** lorsque/quand/au moment où. – **36.** pendant/durant. – **37.** pendant qu'. – **38.** quand/lorsque. – **39.** tandis que/alors que. – **40.** tant que/aussi longtemps que.

UNITÉ 3 /////////////////////////////////////

LEÇON 1

Page 48 exercice 1 : Dans tous ces dialogues, une personne exprime son impuissance face à un problème. <u>Les expressions utilisées sont :</u> On n'y peut rien, c'est comme ça. Il n'y a rien à faire. Qu'est-ce que tu veux y faire ? Il faut se faire une raison, c'est comme ça. C'est comme ça que ça devait finir !

Page 49 exercice 5 : Une jeune fille raconte qu'elle est en photo sur la couverture d'un magazine et qu'elle ne sait pas comment en parler à ses parents. L'autre personne lui explique ce qu'elle aurait dû faire pour ne pas avoir ce problème.

Page 50 exercice 8 : Les deux personnes sont des amis. Ils parlent du problème de la femme qui a démissionné de son travail car elle pensait avoir trouvé un autre emploi. Malheureusement, elle n'a pas obtenu cet emploi et elle est très inquiète.

<u>Elle exprime ses regrets :</u> J'aurais dû écouter François, mais pourquoi j'ai fait ça, je m'en mords les doigts. Je regrette de ne pas avoir écouté François. Il aurait fallu que j'attende deux jours. J'aurais mieux fait de me casser une jambe.

Page 52 exercice 13 : problématiques – Doit-on imaginer d'autres manières de travailler pour le vingt-et-unième siècle ? – Sommes-nous tous exposés aux dangers liés au chômage ?

LEÇON 2

Page 54 exercice 1 : Dans tous ces dialogues, une personne conseille à une autre de ne pas s'inquiéter. <u>Les expressions :</u> Ne vous en faites pas. Ça va s'arranger. Ne vous inquiétez pas. N'aie pas peur. Ne te fais pas de soucis. Ne craignez rien. Tout ira bien. Pas de panique ! Ne t'affole pas.

Page 55 exercice 5 : Un couple arrive à une soirée à laquelle ils ont été invités. C'est la première fois que la jeune femme va rencontrer les amis du jeune homme et elle est un peu stressée. L'homme ne lui a pas donné de détails sur cette invitation. Maintenant qu'elle les découvre, elle regrette ses choix pour sa tenue vestimentaire et le petit cadeau qu'elle a apporté.

Page 56 exercice 8 : Si j'avais eu beaucoup d'argent, je n'aurais pas travaillé. Si j'avais eu plus de temps libre, j'aurais fait de la peinture. Si j'avais mieux étudié à l'école, je serais devenu(e) médecin. Si je ne m'étais pas marié(e), j'aurais fait le tour du monde. Si je m'étais marié(e) j'aurais voulu avoir beaucoup d'enfants. Si j'avais fait autre chose de ma vie, je ne serais pas plus heureuse.

Page 59 exercice 14 : problématiques : – Tous les pays ont-ils les mêmes intérêts à entrer dans une union comme l'UE ? – L'union ne risque-t-elle pas d'effacer les différences ?

Page 59 exercice 15 : **1.** L'époque des Gaulois, les derniers siècles avant Jésus-Christ.

2. Le Moyen-âge, entre le 10ème et le 12ème siècle.

3. La monarchie vers le 18ème siècle.

4. L'empire Napoléonien, début du 19ème siècle.

5. La commune, une période d'insurrection à Paris. Fin du 19ème siècle.

LEÇON 3

Page 60 exercice 1 : Quelqu'un veut prendre la parole. <u>Les expressions :</u> Excusez-moi de vous interrompre. Mais, laissez-moi parler s'il vous plaît ! Je vous demande pardon mais... Je peux dire un mot ?

Page 61 exercice 5 : Il s'agit d'un couple. La femme propose d'inviter ses parents pour le week-end et ils imaginent ce qu'ils pourraient faire tous ensemble à cette occasion.

<u>Les expressions pour faire des hypothèses :</u> Et si on invitait mes parents le week-end prochain, ce serait une bonne idée non ? Il ferait beau, on pourrait aller se promener autour du lac. Au cas où on ne pourrait pas se mettre d'accord, on pourrait aller au musée. On pourrait aller au cinéma le dimanche après-midi. Dans l'hypothèse où ils auraient prévu autre chose...

Page 65 exercice 13 : problématiques : – Devrait-on regarder tous les films en VO ? – Faut-il aider l'industrie du cinéma pour maintenir sa diversité ? – Le métier d'acteur est-il un métier difficile ?

BILAN PAGES 66-67

1. 2. 3. 4. Il n'y a rien à faire/On n'y peut rien/Qu'est-ce que tu veux y faire ?/C'est comme ça que ça devait finir/Ça devait arriver. Il faut se faire une raison. – **5. 6. 7.** Tu aurais pu les relire plus sérieusement/tu aurais dû faire plus d'exercices/tu aurais mieux fait de travailler tout le week-end. – **8. 9. 10.** J'aurais dû faire d'autres choix/j'aurais mieux fait de m'amuser plus/je regrette d'avoir autant travaillé. – **11.** Il aurait fallu que je sois plus gentil. – **12.** SMIC – **13.** – SDF – **14.** RSA – **15. 16. 17. 18.** Ne t'inquiète pas/Ne te fais pas de soucis/Ne t'en fais pas/N'aie pas peur/Ne crains rien/Ne t'affole pas/Pas de panique !/Rassure-toi/Tu n'as rien à craindre !/Sois tranquille. Tout ira bien. – **19.** J'aurais travaillé moins bien/j'aurais cherché du travail ailleurs... – **20.** Je serais parti plus souvent en vacances/je serais sorti à l'heure tous les soirs... – **21.** Je me serais moins pressé à travailler/je me serais mis en maladie plus souvent... – **22.** Si j'avais répondu, on aurait peut-être pu se rencontrer/on se serait peut-être plu... – **23.** je serais heureux/je ne serais plus seul/je serais marié. – **24.** tu aurais dû essayer/tu aurais pu la rencontrer/tu aurais mieux fait d'essayer... – **25.** valeurs. **26. 27. 28. 29.** Je peux dire un mot ?/Je peux ajouter quelque chose ?/Je peux prendre la parole ?/Si vous permettez, je voudrais dire quelque chose/Je voudrais intervenir/Désolé de vous interrompre.../Excusez-moi de vous couper la parole, je.../Je vous demande pardon mais... – **30. 31. 32. 33.** Si on prend le train, ce sera plus rapide./Si on prenait le train, on ne pourrait pas s'arrêter en route pour aller chez Mamie./Dans l'hypothèse où on prendrait le train, qu'est-ce qu'on ferait du chien ?/Au cas où on voudrait prendre le train, il faudrait se décider assez vite pour avoir des billets... – **34. 35. 36. 37.** On irait dans les Alpes, ce serait plus près de chez nous./En supposant qu'on aille dans les Pyrénées, on irait comment ?/On pourrait aller faire du ski à moins qu'il n'y ait pas de neige./Les Pyrénées c'est bien, sauf si on n'a pas envie de faire du ski... – **38. 39. 40.** les films comiques/les films policiers/les films fantastiques/les films romantiques/les films historiques/les films d'aventure/les films d'épouvante/les films de science-fiction/les films d'animation/les dessins animés.

UNITÉ 4 ///

LEÇON 1

Page 68 exercice 1 : <u>Avis positifs :</u> j'approuve, j'apprécie, je n'ai aucune objection, ce programme me convient, je n'y trouve rien à redire, c'est parfait, je suis tout à fait d'accord avec vous, je n'ai rien contre, tu es d'accord, il n'y a pas de problème. – <u>Avis négatifs :</u> je ne suis pas de votre avis, je suis absolument contre, je désapprouve, les pratiques sont innacceptables, tout le monde les condamne, je réprouve.

Page 69 exercice 5 : La femme qui aime le football dit : ça me plaît, ça me détend mais les courses de chevaux, ça m'ennuie. – L'autre femme dit à propos du football : ça ne m'intéresse pas du tout, ça m'énerve, ça me fatigue.

Page 70 exercice 8 : Les deux personnes sont une jeune fille et sa logeuse. La jeune fille souhaite que son ami dorme une nuit chez elle.
<u>Les constructions avec « ça » :</u> ça ne me plaît pas beaucoup cette histoire. Ça ne gênera personne qu'il dorme ici ! Ça m'ennuie de fermer les yeux. Ça me fait vraiment plaisir que vous acceptiez. Ça vous ferait de la peine de refuser. Ça ne se passait pas comme ça. Ça, ça m'amuserait que vous me racontiez...

Page 73 exercice 13 : problématiques : – Le numérique va-t-il remplacer tous les supports papier : journaux, livres ... ? – Les écrans ne sont-ils pas aussi un obstacle entre nous et la vie réelle ? – Les réseaux sociaux sont-ils un remède à la solitude ?

LEÇON 2

Page 74 exercice 1 : il me paraît sérieux, il m'a l'air un peu gamin, tu crois qu'il..., j'estime qu'elle..., il me semble que j'..., tu as l'impression qu'on..., elle me paraît un peu nerveuse, tu ne trouves pas ?, je la trouve super, je suppose que..., j'imagine que je..., je trouve l'idée intéressante, je le crois capable de..., je pense qu'on...

Page 76 exercice 6 : Les deux personnes parlent d'une pétition. – L'une d'elles pense qu'il faut attendre un peu avant de la faire, l'autre pense qu'il faut s'en occuper tout de suite ou, du moins, demander une réunion d'information sur la construction de la route.
<u>L'expression de l'opinion :</u> je ne suis pas sûr, il semble qu'il y ait..., je ne crois pas que..., il me paraît quand-même nécessaire qu'on..., j'ai l'impression qu'ils..., je ne crois pas qu'ils..., j'estime qu'ils..., je ne trouve pas la situation très claire, je doute qu'ils..., je trouve normal qu'on...

Page 79 exercice 11 : problématiques : – Faut-il interdire totalement l'alcool pour les conducteurs ? – Les radars sont-ils une bonne solution pour faire baisser la vitesse ?

LEÇON 3

Page 80 exercice 1 : Dans tous ces dialogues, les gens parlent de leurs désirs, de leurs envies. <u>Les expressions :</u> Pourvu qu'il..., ça me ferait tellement plaisir qu'il..., ça me dirait bien de...,

j'espérais bien qu'on..., j'aimerais bien que..., je serais contente que..., je voudrais bien qu'on..., j'ai tellement envie qu'on...

Page 82 exercice 6 : Ils parlent de la fille de la femme qui a passé un entretien d'embauche car elle cherche du travail. <u>Les verbes :</u> qu'elle réussisse, qu'elle n'ait pas encore appelé, que les candidats aient déjà eu..., qu'ils soient allés..., qu'ils soient bilingues, qu'ils aient vu... Certains de ces verbes sont au subjonctif présent, les autres sont au subjonctif passé (forme composée).

Page 85 exercice 11 : problématiques : – La téléréalité est-elle un bon tremplin vers la célébrité ? – Le succès des émissions de télé-réalité est-il représentatif de notre époque ?

BILAN PAGES 86-87

1. 2. 3. 4. Je l'approuve totalement./Je suis absolument pour./Je n'y trouve rien à redire./Il me convient tout à fait./ Je le désapprouve./Je suis contre./Il ne me convient pas. – **5. 6. 7.** Moi, ça m'intéresse./Moi, ça me fait rêver./Moi, ça me rend plus heureux. – **8.** Oui, ça me plaît de regarder un film d'amour./Non, ça ne me plaît pas de regarder un film d'amour. – **9.** Oui, ça m'énerve que mes voisins fassent du bruit jusqu'à 4 heures du matin. – **10.** numériques – **11.** dépendants – **12.** piratage – **13.** harcèlement. – **14. 15. 16.** Je pense/je crois/il me semble/j'ai l'impression qu'il va pleuvoir. **17. 18.** Oui, je la crois /je l'estime capable de réussir./Non, je ne la crois pas capable de le gagner./Oui, elle me paraît capable de le gagner. – **19. 20.** Oui, elle m'a l'air/elle me semble neuve. – **21.** Oui, ça me paraît tout à fait nécessaire que vous la fassiez réparer. – **22. 23. 24.** Non, je ne suis pas sûr/je ne suis pas certain/je doute qu'ils soient là. – **25.** Je ne pense pas/ je ne crois pas/je ne trouve pas qu'il ait l'air heureux. – **26.** s'y attaque – **27.** résoudre – **28.** confiance en. – **29.** pourvu qu'. – **30. 31. 32. 33.** Je voudrais bien/j'aimerais/j'espère faire de la planche à voile, me baigner toute la journée, rencontrer des gens. – Ça me plairait/ça me dirait bien/ça me ferait plaisir/ça me tenterait/j'ai envie de faire du sport, de me promener sur la plage, d'aller danser. – **34. 35.** J'aimerais que tu arroses les plantes/je voudrais bien que tu viennes donner à manger au chat./je serais contente que tu prennes le courrier. – **36.** Ça oui ! Je regrette vraiment qu'ils soient partis sans moi./Non, je ne regrette pas du tout qu'ils soient partis sans moi. – **37. 38.** Je suis content/ravi/enchanté/très heureux/qu'elle ait réussi. – Je me réjouis qu'elle ait réussi. – **39. 40.** Je suis désolé/c'est dommage/c'est bête qu'elle l'ait raté. – Je regrette qu'elle l'ait raté.

UNITÉ 5 //

LEÇON 1

Page 88 exercice 1 : Tous ces dialogues contiennent une opposition.
<u>Les mots :</u> alors que, contrairement à, autant... autant..., c'est tout le contraire, au lieu de, au contraire, par contre, en revanche, tandis que.

Page 89 exercice 5 : De gauche à droite de l'image.
1. Le premier homme est assis sur l'image 1 tandis qu'il est debout sur l'image 2.

2. L'enfant qui joue avec le petit bateau est assis sur le sable sur l'image 1, contrairement à celui de l'image 2 qui est dans l'eau.

3. L'homme qui pêche n'a pas attrapé de poisson sur l'image 1. Au contraire, il en a pris un sur l'image 2.

4. L'enfant qui fait un tas de sable est torse nu sur l'image 1. En revanche, il porte un vêtement sur l'image 2.

5. De plus, il a une longue pelle sur l'image 1, contrairement à celle de l'image 2 qui est très courte.

6. Le ciel est parfaitement bleu sur l'image 1 alors qu'il y a un nuage sur l'image 2.

7. L'enfant qui mange une glace est à genoux sur l'image 1, contrairement à celui de l'image 2 qui est assis en tailleur.

8. La femme qui lit est couchée sur l'image 1, alors qu'elle est assise sur l'image 2.

9. Au lieu d'avoir les bras croisés comme sur l'image 1, l'homme debout a les mains derrière le dos sur l'image 2.

10. La personne à sa droite porte un vêtement sur le dos sur l'image 1. Par contre, elle n'en porte pas sur l'image 2.

11. L'homme assis sur la chaise longue lit un journal sur l'image 1. En revanche, il lit un livre sur l'image 2.

12. Le thermos situé à droite de la chaise longue n'est pas le même sur les deux dessins.

13. Le manche du parasol n'est pas droit sur l'image 1 alors qu'il est droit sur l'image 2.

14. La femme au chapeau vert porte une robe longue sur l'image 1, tandis que sur l'image 2, elle la tient relevée.

15. L'homme au maillot de bain rouge est gros sur l'image 1, il est maigre sur l'image 2.

Page 90 exercice 7 : Les deux personnes sont une femme dont le lave-linge est en panne et un dépanneur. La femme téléphone au dépanneur qui a déjà réparé cette machine mais qui n'a pas réussi car elle est toujours en panne. Ils ne sont pas d'accord sur le jour où il va venir et sur le coût de la réparation.

Page 93 exercice 12 : problématiques : – Est-ce le rôle de l'état de décider des jours d'ouverture des magasins ? – Le dimanche doit-il rester un jour de repos pour tous ? – Peut-on encore interdire le travail le dimanche alors qu'il y a du chômage ?

LEÇON 2

Page 94 exercice 1 : Tous ces dialogues contiennent des conseils. Les formes : À ta place, j'irais…, tu devrais lui proposer…, il vaudrait mieux que tu reprennes…, tu ferais bien de m'écouter…, tâche d'être clair…, si j'étais toi, je ne dirais rien…, il faudrait que vous fassiez…, essayez de changer…, je vous conseille aussi de changer…, vous pourriez porter…, ce serait bien que tu essaies…, tu n'as qu'à l'inviter.

Page 96 exercice 6 : Ils parlent de ce que pourrait faire la jeune fille pour retrouver sa forme.
La cause : Vu ton état/à force de rester/faute de temps/d'autant plus que/sous prétexte que/comme/pour y être déjà allé.

Page 99 exercice 12 : problématiques : – Est-il logique que de plus en plus de gens soient en surpoids à une époque où la minceur est considérée comme un idéal ? – L'évolution physique des Français est-elle un signe de bonne santé ? – Y a-t-il un lien entre le surpoids et les différentes catégories sociales ?

LEÇON 3

Page 100 exercice 1 : Il est question de ressemblances entre des gens ou des situations.

Les formes : Elles sont pareilles/elles se ressemblent/ce ne sont pas les mêmes/le même salaire/en même temps/le même travail/comme quand j'ai touché…/il ressemble à son frère/je l'avais pris pour son frère/le même sourire/comme si tu ne l'avais pas remarqué/on dirait mon père/je suis pareil à ta mère/comme à une gamine/comme le jour où on est arrivé/c'est du pareil au même/comme avant.

Page 102 exercice 6 : Les deux personnes sont une mère et son fils. Ils jouent aux devinettes.

Les pronoms relatifs : que, dans lequel, près duquel, sur lequel, en haut duquel, auquel, dont, sans laquelle, dans laquelle, avec lequel.

Page 105 exercice 11 : problématiques : Les grèves et les manifestations sont-elles un bon moyen de faire évoluer un pays ? – Y a-t-il vraiment des traits de caractère liés à une nationalité ? – Râler : est-ce toujours le signe d'un esprit critique ?

BILAN PAGES 106-107

1. 2. 3. 4. Le mien est brun, tandis que le tien est blond./autant le mien est paresseux, autant le tien est travailleur./le mien est toujours content, au contraire, le tien est toujours de mauvaise humeur./le mien est mineur, en revanche, le tien est majeur./le mien est patient contrairement au tien qui s'énerve toujours/etc. – **5. 6. 7. 8.** Bien qu'il m'ait menti,…/Même s'il m'a menti,…/Malgré ses mensonges,…/Il m'a menti, pourtant/cependant/néanmoins,… je l'écoute encore. – **9.** des concessions. – **10.** t'entends. – **11.** concerter – **12.** engager – **13.** s'entendre à l'amiable/trouver un arrangement – **14. 15. 16. 17. 18. 19.** Tu pourrais/tu devrais/tu ferais bien de/je te conseille de/tâche de/essaie de/… lui téléphoner pour l'inviter tout simplement/de prendre l'avion. – À ta place,/si j'étais toi,… je lui téléphonerais tout simplement./je prendrais l'avion. – Ce serait bien que…/il vaudrait mieux que…/tu lui téléphones./que tu prennes l'avion. – **20.** vu/étant donné. – **21.** comme. – **22.** à force de. – **23.** elle est partie sous prétexte qu'elle devait finir un devoir de math. – **24.** d'autant plus que ce n'était pas vrai. – **25.** il a été licencié pour avoir agressé son chef/pour être parti en vacances sans avoir prévenu./pour s'être gravement trompé dans la comptabilité. – **26.** elle a de la classe./elle est distinguée/elle a du style. – **27.** il s'est mal comporté./il a eu une mauvaise attitude/il a mal agi/il s'est mal conduit. – **28.** Il a une attitude très négative. – **29. 30. 31.** Elles ont les mêmes yeux/les mêmes cheveux/les mêmes oreilles… Elles ont la même bouche/la même cicatrice au menton/… . Elle ont le même nez/le même sourire/le même regard… – **32.** on dirait Vincent Cassel. – **33.** Comme d'habitude/comme toujours/comme la dernière fois… – **34.** je l'ai prise pour sa sœur. – **35. 36. 37. 38.** C'est un *truc avec lequel tu peux envoyer des messages/sur lequel il y a des touches numérotées/dans lequel il y a des circuits électroniques/auquel on peut ajouter un écran/près duquel tu dois avoir une prise de téléphone… – **39.** je vais peser le pour et le contre. – **40.** atouts.

Crédits photographiques

N° de projet : 10263800 - Mars 2020 - Imprimé en Italie par «La Tipografica Varese Srl» Varese